HISTOIRE

DU

PROCÈS DE LA FRANCE.

Paris, imprimerie de Poussielgue, rue du Croissant, 12.

HISTOIRE
DU PROCÈS DE LA FRANCE,

PAR M. AUGUSTE JOHANET.

A PARIS,
AUX BUREAUX DU JOURNAL **LA FRANCE**,
rue des Filles-Saint-Thomas, 1.

1841

HISTOIRE

DU

PROCÈS DE LA FRANCE.

Le procès intenté à *la France* à l'occasion des fameuses lettres a eu un tel retentissement dans tous les pays et dans toutes les classes, qu'il a paru indispensable de publier le compte-rendu détaillé de cette affaire qui n'a peut-être pas de pareille dans les fastes judiciaires et politiques. Et en effet, en remontant à son origine, on y remarque une si grande quantité d'actes contraires aux règles habituelles de la jurisprudence et du droit des gens, que dans l'intérêt de la justice, de la raison et de la vérité, il est nécessaire de les constater, de les enregistrer, non pas pour servir telle ou telle opinion, mais pour prévenir par une utile publicité le retour d'une si déplorable conduite. Afin de mieux remplir le but que nous nous sommes uniquement proposé, nous ne présentons pas ici le résultat de nos propres appréciations ou commentaires, nous empruntons à la presse indépendante toute entière les vigoureux argumens, et les énergiques paroles avec lesquels elle prêta un généreux appui à *la France* dans la lutte violente que ce courageux journal a eu à subir, durant plus de trois mois, avec le pouvoir.

C'est donc un récit aussi exact qu'impartial que nous offrons à ce public qui, depuis quatre vingt-dix jours, ne cesse de se préoccuper de l'issue des mesures exorbitantes et des poursuites exceptionnelles dont *la France* a été le point de mire. Du moment où le jury, qu'on a appelé la justice du pays, se dégageant de toutes les préventions, de toutes les haines que la colère, la calomnie, et avant tout le besoin d'étouffer la voix de la vérité, ont accumulées contre *la*

France, a prononcé son mémorable verdict, c'était un devoir pour le journal qu'il a noblement acquitté, de réunir et de publier les faits et les actes se rattachant à sa cause, pour laquelle les hommes de bonne foi de tous les partis ont témoigné de hautes sympathies, parceque les graves documens qu'il a produits ont jeté une vive lumière sur des questions pleines d'actualité.

Cette publication nous a paru d'autant plus urgente, que depuis le verdict du 24 avril, les feuilles ministérielles se se sont complu à dénaturer les véritables motifs de l'acquittement de *la France*, et se sont efforcées de s'en faire un texte d'accusation contre l'opinion qu'elle représente, non moins que d'insinuations coupables contre le jury chargé de se prononcer dans cette solennelle occurrence.

Il faut se rappeler d'ailleurs et avant tout que la moralité d'un journal et celle de ses collaborateurs a été publiquement outragée, et qu'on la venge en racontant tout ce qui a précédé et accompagné l'acquittement devenu la plus irrésistible réfutation.

Avant de raconter les détails du procès de *la France*, il est convenable de rappeler que dans son numéro du 15 janvier, un autre journal, la *Gazette de France*, publia trois lettres écrites par Louis-Philippe alors qu'il était duc d'Orléans et dans l'exil. Ces lettres produisirent et devaient produire une très grande impression.

Ces lettres, malgré les interprétations auxquelles elles donnèrent lieu, malgré les reproductions motivées dont elles devinrent l'objet dans les journaux indépendans, ne furent pas poursuivies.

Nous arrivons maintenant aux lettres publiées par *la France* dans son numéro du 24 janvier 1841.

Le numéro de *la France* fut remis à la poste et partit pour les départemens. En un instant les exemplaires restant dans les bureaux de *la France* furent enlevés, et tous les entretiens, toutes les pensées se reportèrent avidement sur ce sujet. Le 25, la *Gazette de France*, la *Quotidienne*, l'*Echo Français*, le *National*, le *Commerce* s'empressèrent de reproduire ces lettres précédées ou suivies de réflexions très véhémentes. Ce même jour seulement, à cinq heures, après la distribution des journaux dans tout Paris, divers commissaires de police accompagnés de sergens de ville se transportèrent dans les bureaux des journaux reproducteurs et surtout dans ceux de *la France*. Ils étaient munis d'un mandat signé de M. Jourdain, juge d'instruction. Des persécutions minutieuses eurent lieu dans tous ces bureaux, mais plus particulièrement encore à *la France*, où les cabinets de rédaction furent complètement explorés; toutes les personnes qui s'y trouvaient furent empêchées d'en sortir. Un procès-verbal dressé par M. le commissaire de police reconnut qu'on n'avait pu rien découvrir, et on se borna à la saisie de cinq ou six numéros de *la France*.

En ce même moment, des visites domiciliaires étaient pratiquées activement chez M. de Genoude, chez M. le marquis de La Rochejacquelein et plusieurs autres notabilités royalistes et n'amenaient aucun résultat. Toute la presse s'occupa des saisies des journaux opérées par la police, alors que la publication de *la France* n'avait pas dès la veille ému la sollicitude du pouvoir, car les numéros de *la France* étaient librement partis pour les départemens et l'étranger; elle fit ressortir tout ce qu'il y avait d'odieux et d'insolite dans cette conduite, qui a eu pour résultat de faire, selon le pouvoir, un plus grand nombre de coupables quand il était tout simple de sévir le premier jour contre un seul accusé, et elle s'éleva énergiquement contre l'étrange système suivi par le parquet. En effet les lois de septembre ont été faites de telle sorte que le parquet peut arrêter à sa source ce qu'il croit être le mal : pourquoi donc avoir hésité? Voici comment s'exprimèrent différents journaux :

LE COMMERCE.

« Le ministère a fait saisir à la poste et dans leurs bureaux les journaux qui ont reproduit, à quelque titre et de quelque manière que ce soit, les lettres attribuées par la *France* au chef du gouvernement. Nous nous trouvons compris dans cette mesure, à notre grand étonnement. Nous étions loin de supposer que l'esprit ou les termes de nos réflexions fussent de nature à exciter les rigueurs du parquet; au contraire, nous pensions rendre un service et au pays et au pouvoir en appelant l'attention ministérielle sur ces documens qu'elle laissait scandaleusement s'accréditer en silence. Deux fois nous lui avons fait appel pour l'engager à détruire les fâcheuses impressions causées par des faits aussi graves. La première fois, le cabinet n'a pas daigné répondre à notre invitation; la seconde fois, il y répond par une saisie.

» Uniquement dévoués à notre patrie et à l'ordre constitutionnel, nous sommes convaincus d'avoir rempli notre devoir par les interpellations que nous avons faites au ministère; le ministère n'a pas rempli le sien, comme nous allons le lui prouver. Quant à nous, nous sommes parfaitement tranquilles sur les résultats de cette saisie, et nous attendons avec une entière sécurité les décisions de la justice.

» Répétons-le, le ministère ne remplissait pas son devoir, et le nôtre était de lui rappeler ses obligations. Sa conduite en effet, dans cette circonstance, est aussi coupable qu'inexplicable. Le 11 de ce mois, la *Gazette de France* livre au public des pièces qui produisent une sensation très vive. Les opinions antérieures du premier personnage de l'état s'y expriment de façon à inquiéter l'opinion publique. On fait dire à ce haut personnage que : « prince français, il est cependant Anglais, » d'abord par besoin, ensuite par principes, par opinion et par habitu- » de. » Ces lettres ajoutent, contrairement aux assertions plusieurs fois émanées de la bouche royale, que le duc d'Orléans a sollicité du service dans les armées étrangères contre la France, qu'il s'est réjoui des désastres des armées nationales, et a provoqué ces désastres de ces conseils et de ses vœux. Nous avons douté de l'exactitude de ses documens; nous en avons demandé le démenti au ministère. Le ministère, malgré nos sollicitations, a soutenu ces pièces de l'autorité de son silence ; il les a sanctionnées en quelque sorte en ne donnant pas à leur égard un seul mot d'explication. A la suite des incrédulités qui s'élèvent dans la presse, la *Gazette* réplique par une affirmation nouvelle; elle déclare avoir *vu* les autographes; elle se dit prête à nommer le lieu public où ils sont déposés. Evidemment, l'opinion va croire la *Gazette*, si elle n'est pas démentie : le cabinet se tait encore. A ces détails, ensuite, on en ajoute de nouveaux : on va jusqu'à préciser le nombre des lettres qui se trouvent ainsi en la possession des publicateurs, on annonce d'avance le sens et la nature de ces révélations premises; rien ne peut émouvoir le cabinet, il persiste dans sa criminelle incurie. Toutes ces lettres sont fausses, conformément à sa déclaration, et il les laisse s'accréditer dans le pays, s'y répandre, et prendre la gravité d'un fait accusateur qui n'est pas contesté.

» Que dirait-on à la presse si elle eut joué un rôle aussi scandaleux ; si, tenant la vérité entre ses mains, sur une accusation de nature à porter atteinte à la considération de la personne royale, elle eût avec insouciance permis au mensonge de s'autoriser de la complicité de son silence? Or, c'est ce qu'a fait le ministère ; sa conduite n'est pas excusable. Puisqu'il pouvait accuser de faux les pièces publiées, comment ne l'a-t-il pas fait dès le premier jour, ou du moins comment ne s'est-il pas hâté de détruire, par une haute et nette déclaration, les impressions funestes que ces écrits devaient faire sur l'esprit des populations? Le ministère a manqué ici aux plus simples notions du bon sens et de la politique, à ce qu'il devait au pays, à ce qu'il devait au roi, à ce qu'il se devait à lui-même, et si chacun était traité selon son œuvre, ce n'est pas nous, mais le ministère qu'il faudrait traduire en justice comme complice d'une atteinte à la considération du trône.

» Ce n'est pas tout encore : après notre avertissement, nos plaintes, le cri de presque tous les journaux, l'émotion que produisent ces pièces dans la chambre et le pays, une nouvelle publication suit la première. Cette fois, du moins, le ministère n'est pas pris à l'improviste, il a eu le temps de s'éclairer et de former ses résolutions, car ces révélations lui étaient annoncées à l'avance. Entre les deux publications, il y a treize jours d'intervalle. La dernière est si grave, si précise, si terrible, que l'opinion publique, défavorablement prévenue déjà par le fait du ministère, doit s'en émouvoir fortement. Nous lisons ces documens, nous attendons la réponse du cabinet à des affirmations si formelles, que le publicateur déclare que la correspondance originale a passé sous ses yeux. Le ministère se tait encore ; il lui faut, pour parler, nos adjurations, nos avertissemens, nos sommations enfin ; alors il se réveille pour nous répondre par une saisie.

» Quels étaient donc les intentions et le but du ministère? Convaincu de la fausseté des pièces publiées, pouvait-il abandonner encore une journée à une erreur aussi désolante et aussi dangereuse? Devait-il ajourner d'une heure le cri de sa conscience, de son indignation, de l'intérêt moral et politique de l'ordre et du pays? Nous ne savons, mais, à notre avis, rien de plus scandaleux n'a signalé encore les tristes ministères qui se succèdent depuis longtemps.

» Maintenant, les documens publiés par la *France* sont argués de faux ; une nouvelle accusation, une nouvelle affaire s'inaugure. On comprend la réserve que nous impose un tel débat ; nous chercherons à y garder toute l'impartialité nécessaire, obligé, pour les accusés et les accusateurs. Nous reproduirons scrupuleusement les assertions de toutes les parties ; nous n'avons d'autre rôle à jouer ici que celui de simples rapporteurs ; et quand la justice aura prononcé, quand la vérité tout entière aura lui devant les tribunaux, nous n'hésiterons pas à flétrir les imposteurs, quels qu'ils soient. »

LE NATIONAL.

« Il est impossible de décrire l'effet qu'ont produit aujourd'hui dans toute la capitale les fragmens de lettres publiés hier par la *France*, et qui ont été répétés par la *Gazette*, la *Quotidienne*, le *Commerce*, l'*Echo français* et le *National*. A la Bourse comme à la chambre, dans les lieux publics comme dans les conversations particulières, c'était le sujet de tous les entretiens ; les partisans les plus dévoués du gouvernement en étaient consternés. Dans la salle des conférences, on agitait avec une très vive émotion la question de l'authenticité de ces documens.

» Il paraît que le ministère n'avait pris encore aucune résolution lorsqu'il a été informé du mouvement universel d'indignation que ces lettres avaient causé dans Paris. Alors, il a fallu prendre un parti. L'attitude des députés a rendu une explication nécessaire. Lorsque M. Guizot est entré dans la salle des conférences, plusieurs membres de la chambre ont déclaré qu'ils allaient interpeller les ministres au sujet de ces révélations. « Notre réponse, a dit M. Guizot, sera bien simple : Les » journaux sont déférés aux tribunaux et poursuivis pour faux. »

» L'ordre, en effet, venait d'être donné à différens commissaires de police de saisir la *France* d'HIER, et les cinq feuilles qui ont cru pouvoir reproduire une publication qui avait paru innocente au parquet.

» Ce soir, vers six heures, un commissaire de police s'est présenté dans nos bureaux, accompagné de plusieurs agens et porteur d'un ordonnance signé *Jourdain*, en vertu de laquelle il a saisi à la poste et à notre caisse les numéros du *National*. Cette ordonnance s'appuie sur les articles 6, 7 et 19 de la loi du 17 mai 1819 et sur les articles des lois de septembre. Les premiers articles prévoient et punissent la provocation à la désobéissance aux lois et l'injure contre l'autorité royale. L'article 2 de la loi du 9 septembre déclare que *l'offense au roi, quand elle a pour but d'exciter à la haine et au mépris de sa personne ou de son autorité constitutionnelle, est un attentat contre la sûreté de l'état*. On applique à ce crime la peine de la détention et d'une amende de 10,000 à 50,000 francs. Mais on invoque aussi l'article 3 de cette loi, et celui-ci stipule que toute autre offense envers la personne du roi sera punie conformément à l'article 9 de la loi du 17 mai 1857, c'est-à-dire d'un emprisonnement de six mois à cinq ans et d'une amende de 500 francs à 10,000 francs.

» L'ordonnance de saisie, que nous citons, ajoute : « Et attendu que les » lettres dont de prétendus extraits ont été insérés dans le susdit article » sont arguées de faux, rechercher dans les mêmes lieux les originaux » et copies sur lesquels l'insertion aurait été faite, les saisir, etc. »

» Pour compléter le sens de ces actes du pouvoir, le *Messager* publie ce soir les lignes suivantes :

« Plusieurs journaux publient des fragmens de lettres *faussement et*
» *criminellement* attribués au roi. Des poursuites viennent d'être ordon-
» nées et pour crime de faux, et pour offense à la personne du roi. »

» Quoi! il y avait à la fois un crime de faux et une offense au roi dans
la publication de ces lettres, et vous les avez laissé circuler librement
dans Paris, partir pour les départemens sans vous en inquiéter! Un
journal les insère le premier dans ses colonnes; nous allons nous in-
former avec soin s'il est poursuivi; on nous prouve qu'il n'en est rien;
et le lendemain, quand d'autres journaux reproduisent, on y découvre
une atteinte et un faux! Mais qu'est-ce donc que ce gouvernement?
A-t-il pour mission de tendre des guet à-pens à la presse? S'il n'y a pas
eu crime la veille, comment y a-t-il crime le lendemain à reproduire?

» Il faut tout expliquer d'ailleurs pour mettre à nu la conduite du ministère.

» Ces lettres ne sont pas les premières qui aient vu le jour. La *Gazette*
avait imprimé, il y a quelques semaines, de longues épîtres attribuées
à la même personne, et qui n'ont pas fait moins de scandale. Tout le
monde les a lues : nous en avons donné des extraits exacts... Et que
disait-on dans ces lettres? qu'on était Anglais par le cœur, par la reconnaissance et par les habitudes.

» On y disait entre autres choses; que le maréchal Soult était dans une
position difficile, et qu'on espérait bien *qu'il serait écrasé*... Assurément, nous n'avons rien lu dans les publications d'hier qui nous ait paru plus contraire à tout sentiment national que ces expressions et beaucoup d'autres que nous nous dispensons de rappeler.

» Eh bien! que s'est-il passé pour ces premières lettres? Non seulement on n'en a pas poursuivi la publication, mais les journaux ministériels eux-mêmes ne les ont pas contestées. Cependant le ministère devait savoir que les organes légitimistes étaient en possession d'une assez grande grande quantité de lettres venues de la même source. Il devait avoir lu l'annonce qu'on avait faite d'une prochaine publication de
ces lettres. S'il lui avait convenu d'éviter ce scandale, ils pouvaient
mettre les journaux en garde contre les périls qu'ils couraient. Il devait
avoir lu l'annonce qu'on avait faite d'une prochaine publication de ces
lettres. S'il lui avait convenu d'éviter ce scandale, il pouvait mettre
les journaux en garde contre les périls qu'ils couraient. Il le pouvait
par des explications précises, à défaut de procès. L'a-t il fait il y a trois
semaines? nullement. L'a-t-il fait hier encore en lisant la *France*?
point du tout. Que devions nous en conclure? qu'à ses yeux, ces dernières dépêches passeraient, aussi bien que les premières, comme de
vaines tentatives que la vertu peut dédaigner. Personne ne croira sans
doute, dans le pays, que Louis-Philippe ait oublié dans l'exil son origine
et sa qualité de Français, au point de faire des vœux si ardens pour la
ruine de nos armées et pour la ruine particulière de l'homme qui est
aujourd'hui son son premier ministre. C'était là sans doute le raisonnement du pouvoir. Eh bien! pourquoi croirait-on davantage que Louis-
Philippe a promis à l'Angleterre d'abandonner Alger? Pourquoi croirait-on qu'il a réclamé par sa diplomatie l'honneur d'avoir égorgé la
Pologne? Pourquoi supposerait-on qu'il a voulu embastiller Paris, affronter et vaincre l'hydre révolutionnaire, maîtriser la presse, etc. Est-
ce que l'opposition n'a pas dit la même chose à satiété depuis dix ans?
Est-ce que le pays l'a cru? Est-ce que le système a regardé cela comme
une offense? Est-ce que les événemens sont venus par hasard donner le
plus léger appui à ces accusations? Pourquoi donc le parquet se serait-
il plus ému des dernières lettres que des premières? Il ne l'a pas fait en
lisant la *France*, et il a eu raison. Mais, s'il a eu raison hier, évidemment il a tort aujourd'hui. Car de deux choses l'une : ou bien les faits
publics sont en contradiction avec la pensée politique exprimée dans
ces lettres, et alors elles tombent toutes seules; ou bien les faits eux-
mêmes sont la confirmation de cette pensée, et alors qu'importe la ré-

vélation d'un système qui est écrit en caractères bien autrement énergiques dans les événemens?

Sous tous ces rapports, nous nous sommes crus autorisés à reproduire des documens qui appartiennent à l'histoire contemporaine. Nous l'avons fait sans garantir une authenticité qui *ne nous était pas personnellement démontrée;* mais nous avons pour garant : 1° le journal qui affirme avoir vu les originaux ; 2° l'authenticité *non contestée* des lettres de la *Gazette* puisées à la même source ; 3° l'inaction du parquet, qui n'avait rien trouvé de coupable dans les premières ni dans les secondes.

Ce qui nous confirme encore dans notre bonne foi, c'est que l'autorité judiciaire elle-même paraît fort embarrassée de spécifier le délit dont nous sommes coupables. Car elle invoque des articles de loi qui ne se ressemblent nullement et qui se contredisent de même, comme les articles 2 et 3 de la loi de septembre. Le parquet est ordinairement plus précis, et nous ne doutons pas que le jury ne fasse justice de cette nouvelle persécution. Nous en avons expliqué la véritable cause, nous en attendons l'issue avec une parfaite tranquillité. »

LE JOURNAL DU PEUPLE.

« Forts du silence gardé par le parquet et par les feuilles du pouvoir, la *Gazette*, le *Commerce*, l'*Echo français* et la *Quotidienne* ont reproduit ces lettres ; le *National* les a aussi loyalement reproduites, bien qu'elles fussent un argument écrasant contre ses illusions sur le projet qui préoccupe aujourd'hui tous les patriotes.

» Ces lettres mettaient le pouvoir dans la plus cruelle position. Il fallait, en effet, ou que la fausseté de ces pièces fût démontrée, ou que, dans le cas contraire, les ministres repoussassent hautement le reproche et même le soupçon de gouverner la France sous de telles inspirations. Nous nous attendions même que quelques-uns des députés qui, dans l'opposition, s'honorent encore du nom de patriotes, viendraient demander à ce sujet des explications aux ministres, et dans l'hypothèse où l'authenticité de ces documens ne serait pas contestée, les sommer de dire s'ils se faisaient responsables des pensées et des sentimens personnels exprimés dans ces lettres, quelle que fût, du reste, la plume qui les avait tracées. En présence des droits restreints de la presse, en effet, ces députés, forts de la liberté de la tribune, auraient pu donner l'éveil à la nation sans se briser, comme les journaux, contre les dispositions de la Charte et des lois de septembre, qui proclament l'inviolabilité royale...

» Il n'en a rien été...

» Dans cette perplexité, toutefois, le pouvoir de deux inconvéniens a choisi le moindre. Forcé qu'il est de sévir, c'est, s'il faut en croire le *Messager* de ce soir, un faux matériel en écriture privée qu'on dénonce et qu'on poursuit, en y joignant subsidiairement l'offense à la personne du roi.

» La *France* a donc été saisie, ainsi que tous les journaux reproducteurs des lettres qu'elle avait publiées. Leurs bureaux ont été soumis à une investigation longue et minutieuse...

» Ainsi donc, cette publication qui avait mis en émoi dans la capitale depuis les hommes de la rue jusqu'aux spéculateurs de la Bourse, on veut l'amortir dans les temporisations d'un procès de cour d'assises. Quelques experts en écriture apporteront leur arbitrage dans une cause qui devait se plaider devait toute la France, et rappeler au positif les illusions les plus invétérées.

» Mais la vérité garde toujours ses droits.

» Et nous espérons donc que le pays ne perdra rien à un délai de procédure.

» Nous ne préjugeons rien, mais nous attendons l'opinion publique à la reproduction des pièces incriminées, à la distribution du *fac simile* à la confrontation des écritures, au souvenir récent de ces lettres de Palerme, que les gens du roi ont ont laissées sans réplique... »

Le *Siècle* reprocha avec raison au ministère le silence qui a donné aux journaux saisis une fausse sécurité :

« Rien n'était plus facile que de signaler, ne fût-ce que par deux ou trois lignes dans le *Messager*. le caractère apocryphe de ces lettres : on eût empêché ainsi la reproduction qui en a été faite par plusieurs journaux. Le ministère, soit étourderie, soit qu'il ait voulu tendre à la presse une sorte de guet-apens, n'a donné aucun avertissement de ce genre. Mais aujourd'hui il a fait saisir tous les journaux reproducteurs, et il annonce que des poursuites viennent d'être ordonnées *pour crime de faux et pour offense à la personne du roi*.

« Nous ne blâmons certes pas en elles-mêmes les poursuites contre les faussaires ; mais pourquoi cette déclaration a-t-elle été si tardive ? pourquoi n'a-t-on pas empêché la plus grande partie de la publicité que ces fragmens de lettres ont reçue maintenant ? pourquoi n'a-t-on pas mis tous les journaux en garde contre une surprise que leur bonne foi aurait évitée ? »

Le *Temps* ne blâma pas avec moins d'équité la conduite du ministère dans cette circonstance, voici ce que dit ce journal :

« Six journaux sont saisis. Un seul aurait dû l'être, si l'autorité avait déployé dans cette occasion autant de promptitude qu'elle a coutume d'en apporter dans un si grand nombre d'autres cas. Ne semble-t-il pas qu'on n'eût pas trouvé la fête complète si l'on n'eût pas fait ce qu'on appelle un coup de filet, en attendant vingt quatre heures pour atteindre les journaux reproducteurs? On reconnaît là le bon vouloir habituel du pouvoir envers la presse en général.

» En annonçant la saisie et les poursuites, le ministère croit devoir donner au public un commencement d'explication sur l'origine des correspondances incriminées de faux. Malheureusement c'est dans un journal anglais *tory* (le *Morning-Post*) qu'il va puiser ses faits. Nous aurions préféré le voir invoquer une toute autre caution. On remarquera, en outre, que ce journal fait allusion aux lettres publiées par la *Gazette e France* et qui sont sensées écrites à l'époque de l'émigration. Il ne parle pas de celles qui font l'objet des poursuites, et qu'on nous donne comme contemporaines de l'état de choses actuel. Le ministère qui les dit apocryphes, et qui, nous l'espérons bien, le prouvera, est-il donc assez mal servi par sa police, à l'étranger, pour n'avoir pas eu connaissance des particularités que connaît et que publie un journal de Londres? Ce serait une preuve déplorable de l'inutile emploi des fonds secrets. »

Les feuilles de province, averties à temps, ne se prirent point au piège. *Le Journal de Rouen* seul, ayant cité quelques fragments, fut aussitôt saisi. Les journaux qui n'avaient pas reproduit les lettres ne purent dissimuler leur indignation en voyant les mesures exceptionnelles dont leurs confrères étaient victimes en même temps que *la France*, mais ils ne se bornèrent pas à blâmer le gouvernement de cette extra-

— 43 —

légalité, ils examinèrent les lettres, les apprécièrent, et sommèrent le pouvoir de s'expliquer sur leur contenu. Les organes les plus dynastiques signalèrent les conséquences forcées de cette publication si elle ne recevait un éclatant et positif démenti.

Au milieu de tout cela, *la France* gardait une attitude calme et ferme comme celle de la bonne foi et de la conviction; elle enregistrait chaque jour les articles auxquels donnait lieu son affaire, dont les journaux de province ne s'occupaient pas moins exclusivement que ceux de Paris.

Le Constitutionnel, l'Univers, le Siècle, le Charivari, le Temps ne firent pas attendre leurs articles pleins de vigueur et de logique; nous citerons seulement un fragment de deux d'entre eux.

LE CONSTITUTIONNEL.

« C'est après avoir laissé imprimer, réimprimer, circuler par toutes les voies la calomnie contre la couronne qu'enfin le ministère se réveille et dirige des poursuites contre des journaux pour avoir reproduit des textes qu'on devait croire garantis contre toute action judiciaire par l'impunité de leur première publication. Il y a dans cette conduite du ministère une double faute, pour ne pas nous servir d'un mot plus sévère, une faute au préjudice de la couronne, une faute au préjudice de la presse. Sa tolérance est une manière de félonie pour la royauté, et ses rigueurs sont une surprise contre les journaux.

» Comment! il se publie depuis des semaines, dans certains journaux légitimistes, des lettres soi-disant authentiques attribuées à Louis-Philippe pendant son exil; ces lettres tendent à présenter un prince constamment dévoué à son pays comme un de ces émigrés intrigants qui, pendant nos longues guerres de la révolution et de l'empire, étaient, à l'extérieur, en état de conspiration permanente contre leur patrie, quêtant partout des services contre la France et exclusivement dévoués à la cause de l'Angleterre ou de la coalition. Ces lettres odieuses vont propager de fausses préventions contre le chef auguste qui représente aujourd'hui notre nationalité; et le ministère se tait! de tous côtés on sollicite de lui des dénégations, et il se tait. »

LE TEMPS.

« Nous ne doutons pas que le gouvernement ne soit en mesure de déjouer ces abominables trames; nous ne lui reprochons que d'avoir attendu pour en déférer au patriotisme des juges. Il faut que les véritables auteurs des lettres incriminées soient découverts et punis. Ils ont outragé indignement la nation française dans la royauté qui la représente; car qui n'en conviendra? *le roi qui serait capable d'écrire textuellement la scandaleuse correspondance publiée par la presse légitimiste serait trop heureux d'échapper par une abdication forcée au mépris et à l'exécration d'un peuple irrité et blessé dans ce qu'il a de plus cher au monde, son honneur et son indépendance.* »

A tout cela, le ministère, poussé à bout, répondit par un article de sa correspondance parisienne insérée dans une feuille anglaise, le *Morning-Post*, et dans lequel on appelait *faussaires* ceux qui avaient publié les lettres. Le *Messager*, organe du gouvernement, s'empressa de reproduire les imputations du *Morning-Post*, et dans des diatribes acrimonieuses, s'efforça de confirmer la qualification soi-disant venue de l'Angleterre. Aussitôt la *Gazette de France* intenta au *Messager* un procès en diffamation et en calomnie. Malgré les plus vives instances pour obtenir un jugement immédiat, l'affaire fut renvoyée au 12 mars seulement.

Le *Messager* prétendit en outre que les poursuites contre la *France* avaient beaucoup tardé parceque ce journal n'avait pas une *publicité sérieuse*. Cette stupide réponse fut unanimement réfutée, et fournit à la presse l'occasion de rappeler que la *France* avait déjà été nombreuses fois poursuivie et condamnée tant à de longues années de prison qu'à de lourdes amendes. Le nombre de ses abonnés, et les témoignages d'intérêt qui l'ont accueillie, furent, grâce à la maladresse de l'organe gouvernemental, une nouvelle preuve de la *publicité sérieuse* de ce journal.

Cependant, le 28, M. Ernest de Montour, gérant, et M. Lubis, rédacteur en chef de la *France*, furent cités pour le lendemain devant M. Jourdain, juge d'instruction. Ce magistrat sembla, dans l'interrogatoire qu'il fit subir à ces Messieurs, tendre presqu'exclusivement vers la découverte et la communication des pièces. Il paraissait croire que cette communication pouvait avoir lieu sans compromettre la sûreté du dépôt. Il fit de vains efforts pour amener à ce résultat MM. de Montour, Lubis, l'imprimeur de la *France*, M. Poussielgue, et jusqu'au chef de la composition, M. Borelly; il ne réussit pas mieux auprès de M. le marquis de Larochejacquelein et de M. Auguste Johanet, qu'il avait fait appeler pour le même objet.

Si la presse de Paris s'occupait de cet événement politique, la presse étrangère ne restait pas silencieuse. On lisait dans le *Morning-Herald* les lignes suivantes :

« Le bruit général circulait à Paris que la lettre avait été écrite par Louis-Philippe au prince Talleyrand, et qu'elle avait été soustraite par un des employés de l'ambassade. On dit qu'un royaliste bien connu qui a été dernièrement à Londres a été l'agent du parti légitimiste dans cette affaire, qu'il a acheté les lettres et mis les originaux en lieu de sûreté. On répand également le bruit que la police a fait une perquisition dans la maison du royaliste en question pour y saisir ces documens ; mais qu'il avait pris la précaution de les déposer chez un notaire d'où ils ne peuvent être extraits qu'avec une certaine publicité, pour qu'on puisse en prendre les examens, ce que la *famille royale ne doit guère désirer, si les lettres sont vraies*. Notre correspondant termine en disant *que le roi a répondu* à une personne fort avant dans sa confiance : *Que toutes les lettres sont fausses*. »

Le *Lynx* de Bruxelles disait de son côté :

« La reproduction des lettres citées par la *France*, par tant de journaux à la fois, détermina le parquet à prendre quelque résolution vigoureuse. M. le procureur-général se rendit en personne à la chancellerie; et là il fut convenu avec M. Martin (du Nord) qu'on prendrait les ordres définitifs de Sa Majesté. — Il paraît, en effet, que Sa Majesté, consultée la veille par deux fois sur le même sujet, avait manifesté des inquiétudes visibles et demandé vingt-quatre heures pour réfléchir !

» Sa Majesté avait-elle besoin de ce laps de temps pour revoir le dossier de sa cosrespondance et s'assurer que les lettres reproduites par la *France* n'avaient point été écrites par elle ? Voulait-on, au contraire, *voir venir* et laisser tomber cette affaire dans l'eau, dans le cas où les autres journaux n'auraient pas osé reproduire les lettres ?

» Assuré de la fausseté de ces lettres, aurait-on préféré tendre un piége à plusieurs journaux à la fois ? Voilà des questions que le public a déjà posées. Ce que nous sommes à même d'affirmer, nous, c'est que la saisie des journaux ci-dessus cités n'a commencé lundi qu'à quatre heures du soir ; il paraît que l'on a eu besoin de délibérer longtemps en haut lieu sur les saisies ordonnées. On assure que les révélations du dehors , c'est à dire la terrible impression produite dans Paris par les lettres en question, n'ont plus permis d'hésiter. Lorsque le ministre Guizot est arrivé lundi dans la salle des conférences, les plus vives interpellations lui ont été adressées à ce sujet. Plusieurs députés ont annoncé qu'ils allaient demander sur-le-champ, en séance publique, des explications au gouvernement sur la nature des pièces insérées dans plusieurs journaux ; et M. Guizot, dont l'anxiété était visible, a dû annoncer, pour éviter ce scandale, que des poursuites judiciaires allaient avoir lieu contre les journaux reproducteurs. Ceci se passait à deux heures, dans la salle des conférences. On prétend néanmoins qu'à cette heure on était encore fort embarrassé et fort irrésolu au château. Un petit billet, immédiatement envoyé à la chambre à un haut personnage, et dans lequel sans doute M. Guizot révélait l'attitude de la chambre, fit enfin donner carte blanche au parquet.

» La *France*, principal coupable dans cette affaire (si toutefois coupable il y a), est poursuivie du chef de faux et du chef d'offense envers la personne du roi. On espère quoi qu'il arrive, que la bonne foi des autres journaux sera établie et leurs gérans renvoyés de la plainte.

» Nous ne voulons rien préjuger, pour notre part. Nous désirons, avec tous les bons citoyens, le triomphe de la vérité, de la seule vérité.... Mais cette affaire a déjà produit une sensation immense. — Nous ne comprenons pas bien, par exemple, les motifs de certaines perquisitions ordonnées chez les particuliers. — Veut-on par là essayer de découvrir des manuscrits de la nature de ceux publiés par la *France* et cinq autres journaux de Paris ? Mais à quoi bon, si les manuscrits sont faux ? Leur seule reproduction par la voie de la presse ne serait-elle pas tout à la fois un crime et un délit ? — N'est-ce pas plutôt que l'on voudrait mettre la main sur des pièces trop authentiques !

» Croit-on d'ailleurs que les originaux de pièces aussi précieuses, en admettant leur authenticité, n'eussent pas été mis tout d'abord à l'abri des plus minutieuses perquisitions ? Nous oserions parier, nous, que ces originaux, s'ils existent réellement, n'ont pas encore fait acte ou n'ont pas fait longtemps acte de présence sur le territoire français.

» Encore une fois, cette affaire est d'une gravité immense, et nous attendons comme le public, avec impatience, le grand jour de la justice ! »

Une série de nouvelles persécutions survint encore. Les visites domiciliaires se renouvelèrent avec ardeur.

Le 27 janvier, à cinq heures, M. Hiver , commissaire de police , accompagné de cinq agens, s'est rendu chez M. Auguste Johanet, l'un des rédacteurs de la *France*, et y a procédé à une visite domiciliaire très minutieuse, mais entourée de toute convenance. L'appartement a été exploré, ainsi que les papiers et lettres, sans qu'on ait pu rien trouver de ce qu'on avait mission d'y chercher. Le résultat des investigations ayant été négatif, M. Hiver, a, comme chez M. le marquis de Larochejaquelein, déclaré qu'il ne dresserait pas de procès-verbal.

En sortant de chez M. Auguste Johanet, le même commissaire de police et les mêmes agens se sont transportés au domicile du nommé Jean Cagneuil, garçon de bureau de la *France*. Ils croyaient y rencontrer le dépôt des fameuses lettres ; mais cette fois encore ils n'ont pas réussi.

Nul procès-verbal n'a pu être dressé, car ces recherches si rigoureuses n'ont abouti à rien. M. le commissaire de police a emporté, pour le déposer, a-t-il dit, au greffe, un exemplaire de la *Vendée à Trois Epoquee*, ouvrage publié depuis un an par M. Auguste Johanet.

Après les divers interrogatoires subis devant M. le juge d'instruction par ses rédacteurs et ses amis, la *France* devait s'attendre à se voir appelée promptement à rendre compte de sa conduite à une juridiction quelconque. Les fréquentes visites de MM. Pasquier, Decases, Franck-Carré aux Tuileries, accréditèrent le bruit que ce journal serait traduit devant la chambre des pairs. Ainsi, dès lors, on se défiait du jury, on redoutait sa justice, et on voulait en appeler à un tribunal exceptionnel. Les choses en étaient là, quand, au grand étonnement des hommes de bien, de toutes les opinions, MM. de Montour et Lubis furent violemment arrachés à leur domicile le six février, à six heures du matin, et menés en prison après avoir été de nouveau interrogés par M. Jourdain. Voici comment la *France* l'annonça dans cet article, qui fut répété de toutes parts :

Arrestation arbitraire de M. ERNEST DE MONTOUR, *gérant de la* France, *et de* M. LUBIS, *rédacteur en chef.*

« Ce matin à six heures, deux mandats d'amener, décernés par M. Jourdain, juge d'instruction, ont été mis à exécution sur la personne de M. Ernest de Montour, gérant du journal, et sur celle de M. Lubis, rédacteur en chef. Après un nouvel interrogatoire subi par eux devant M. Jourdain, les mandats d'amener ont été convertis en mandats de dépôt, et MM. de Montour et Lubis ont été écroués à Sainte-Pélagie.

» Notre gérant et notre rédacteur en chef n'ont eu du reste qu'à se louer des égards du magistrat instructeur, qui, tout en se renfermant dans l'exercice de ses fonctions, nous a autorisés à communiquer avec eux.

» Mais il n'en est pas de même des agens chargés de mettre le mandat à exécution. Ils se sont introduits chez M. de Montour, sous prétexte de faire une visite domiciliaire, et quand la porte de l'appartement de M. de M. de Montour a été ouverte, ils lui ont signifié l'ordre dont ils étaient porteurs.

» Dans la situation des choses, il est bon de montrer l'extension arbitraire donnée à la loi. De quoi s'agit-il ? Des lettres de Louis-Philippe, et que le parquet déclare fausses. Par quelle voie ces lettres se sont-elles répandues dans le public ? Par la voie de la presse, par la publication de la *France*, dans son numéro du 24 janvier ; et c'est au bout de quinze jours d'instruction que vous lancez vos mandats de dépôt !

» Aux termes de la loi du 9 septembre 1835, la responsabilité légale ne pèse que sur le gérant signataire de la feuille. Ce n'est pas nous qui disons cela, car nous ne sommes pas, Dieu merci, de ceux qui renient le péril et désertent leur part du danger : c'est la loi qui l'a voulu. Le gérant possède en son propre et privé nom, 34,000 fr. versés au trésor, et en outre 66,000 fr. également dans les mains de l'état, répondent des délits que le journal viendrait à commettre. L'état est donc nanti de 100,000 francs. Pourquoi, dès lors, une arrestation préventive ? Dans quel but ? Craint-on que M. de Montour ne recule devant les débats, et ne comparaisse pas devant ses juges ! C'est une supposition injurieuse, et que repoussent à la fois et l'honneur personnel du gérant, et celui du journal, et la loyauté de l'opinion à laquelle ils appartiennent. Ainsi tombe d'elle-même cette arrestation arbitraire.

» Mais à côté du gérant il y a le rédacteur en chef, qu'aucune loi n'atteint, et que cependant on arrête. Pourquoi ? Est-ce une mesure d'intimidation contre la presse en général ? est-ce une menace contre la liberté de penser et contre la liberté d'écrire ? De quel droit écroue-t-on

— 17 —

M. Lubis dans une prison politique? parce qu'il remplit telle ou telle fonction? Comment! la loi n'a pas voulu, comme on le demandait dans l'origine, que chaque rédacteur signât ses articles; elle a reculé devant une mesure odieuse, qui rappelait les jours les plus mauvais de la France, et ce que les chambres ont écarté, vous, ministère, vous le reconstituez! N y a-t-il donc pas des antécédens qui vous condamnent!

Un jour, M. Paulin, gérant du *National*, fut appelé devant le jury. M. Persil, procureur-général, portait la parole, et demandait la tête de l'accusé. M. Carrel se leva : « L'article incriminé, dit-il, n'est pas de M. Paulin, il est de moi. Je demande à la cour de renvoyer le gérant du *National*, et de me permettre de prendre sa place, puisque le coupable, si coupable il y a, c'est moi. »

Que répondit M. Persil? « L'article n'est pas signé ; je ne vous connais pas, et je ne puis connaître que la signature de M. Paulin. Pour avoir le droit de vous asseoir sur le banc des accusés il faudrait que votre nom fût au bas de l'article; alors je vous poursuivrais, mais je poursuivrais aussi M. Paulin ; au lieu d'un coupable, j'en aurais deux. »

Certes, nous ne pensions pas que M. Persil pût être dépassé! Le ministère a accepté cette tâche, qu'il la subisse! Si l'on entendait en France comme en Angleterre les intérêts sacrés de la liberté individuelle, il y aurait, dans le fait de la double arrestation de M. de Montour et de M. Lubis, de quoi lancer un acte d'accusation contre le cabinet, et le cabinet tomberait devant la responsabilité qu'il aurait encourue.

Il ne s'agit plus d'opinion de telle ou telle nuance, il s'agit de la liberté de l'homme.

Est-ce la perturbation que l'on veut porter dans une entreprise qui lutte contre le pouvoir avec conscience et conviction! Certes, nous regrettons vivement l'absence des deux hommes que le pouvoir tient sous ses verrous, mais nous avons traversé, depuis sept ans, assez de jours difficiles pour que notre zèle soit éprouvé, et pour qu'il ne faillisse jamais à ce que nous croyons être la ligne du devoir et de l'honneur : comme les phalanges vendéennes et condéennes, nous serrons nos rangs éclaircis par la mitraille du parquet, et chacun de nous prend avec orgueil la place de celui qu'on éloigne du combat. Privés d'un concours utile, nous ne nous laisserons pas décourager, et si le pouvoir a encore quelques victimes à écrouer, il peut ouvrir la large porte de ses prisons; les captifs ne lui manqueront pas.

C'est à la presse tout entière à voir quelle attitude il lui appartient de prendre; il ne s'agit pas de nous seulement; le coup qui nous frappe aujourd'hui retombera demain sur elle. On ne s'arrête pas dans la route de l'arbitraire; le premier pas est fait, et maintenant les journaux sont avertis que le ministère ne peut pas se mouvoir à l'aise, même dans l'enceinte des terribles lois de septembre. Les gérans ne lui suffisent pas, il lui faut les rédacteurs en chef, puis viendront les rédacteurs ordinaires : déjà même on fait des perquisitions chez les garçons de bureau.....

Les forts bastionnés n'entourent pas cependant encore les murs de Paris.

Un acte si inqualifiable, en frappant MM. de Montour et Lubis, s'adressait à des hommes de cœur qui, l'un et l'autre, étaient en fonds de courage et de fermeté. Le premier appartient à une de ces familles privilégiées qui en maintes circonstances ont fait leurs preuves d'abnégation et de fidélité; il en est le digne rejeton. Le second, dont les travaux politiques remontent aux époques les plus difficiles de la restauration, et que la révolution de juillet trouva inébranlable, a vu son nom associé dans les premières poursuites qui frappèrent à cette époque les amis et les défenseurs de la monarchie; l'ancien rédacteur en chef de la *Gazette de France*, l'auteur de l'*Histoire de la Restauration* devint l'objet d'une

2

persécution d'autant plus odieuse qu'elle était illégale. Le pouvoir avait donc choisi sa victime parmi les modèles de la conviction et du dévouement invariable. La *France* les eût insultés, si elle ne se fût aussitôt félicitée en quelque sorte de la prédilection dont l'arbitraire les rendait l'objet.

Une seule chose pouvait contrister les âmes loyales, c'était de voir la qualification de *faux* donnée à leurs actes, dont la sincérité était cependant incontestable ; mais l'estime et l'indignation des gens de bien s'empressèrent de les venger de l'atteinte qu'une stupide animosité essayait de porter à leur honneur, et les mille voix de la presse répétèrent à la fois les plus flétrissantes expressions de pitié et de mépris même contre leurs accusateurs. On avait espéré que les masses au moins prendraient le change, et que ce mot de *faussaires* appliqué aux rédacteurs de la *France* produirait chez elles l'effet qu'on en attendait ; mais celles-ci, plus honnêtes et plus intelligentes que ne le voudraient ceux qui s'appliquent incessamment à les tromper comme à les corrompre, ne voulurent pas admettre de telles turpitudes, et réclamèrent pour la *France* le grand jour de la justice.

Une autre tribulation était réservée à ce journal : on l'avait dépossédé de son gérant et de son rédacteur en chef ; cela ne suffisait pas, on voulut, contrairement à toutes les lois établies, empêcher M. de Montour de signer sa feuille. M. A. Johanet mit son nom au bas de la *France*.

Tous les journaux se récrièrent éloquemment contre tant de mesures vexatoires ; la province leur fit écho, et il fut facile de voir combien, de tous côtés, la position de la *France* excitait d'intérêt.

Mais quelle que fût l'amitié de M. Ernest de Montour pour son remplaçant, il démontra une fois de plus combien il tenait à ne pas quitter la brèche au milieu du plus imminent danger. Il adressa à ses collaborateurs une lettre que tous les cœurs généreux seraient fiers d'avoir pensée et d'avoir écrite :

A Messieurs les Rédacteurs de la FRANCE.

« Messieurs,

» J'apprends que non content de mon arrestation illégale, le parquet, contrairement à l'assurance qu'il m'avait donnée, veut m'enlever préventivement ma signature de gérance, et qu'il vous enjoint formellement, et sous peine de nouvelles poursuites, de la remplacer sur notre feuille.

» Cette seconde illégalité ne me surprend pas ; l'arbitraire est comme le sang : les lèvres qui en ont bu en demandent encore ; je le sais, mais ce que je sais également, c'est mon devoir ; et, dans cette occasion, mon devoir est de vous conjurer de résister à cette nouvelle violence, à cet acharnement inqualifiable qui dépasse en quelque sorte ma personne, et veut anéantir jusqu'à mon nom !

» J'apprécie, Messieurs, les motifs de générosité et de dévouement qui vous conduiraient à vous montrer dociles aux injonctions du parquet ; vous ne voudriez pas qu'un seul servit de but à toutes ses colères, et vous en réclamez aussi votre part ; témoins dévoués dans le duel qui se déclare, vous voudriez arrêter l'arme qui se recharge encore contre un adversaire atteint et désarmé. Merci ! merci mille fois ! Mais il est bon que je reste, si blessé que je puisse être, car voilà que mes obligations augmentent, que mon devoir grandit avec le danger, et je ne veux fuir ni l'un ni l'autre ! En effet, ce n'est plus ici une question de personnes qui est en jeu ; il ne s'agit plus même aujourd'hui de la prévention dont le parquet s'est armé, prévention ridicule, si elle n'était odieuse, et à laquelle toutes les indignations de mon cœur auraient déjà répondu si l'opinion publique ne l'avait bafouée et foulée aux pieds ! — Non ! l'arbitraire crève malgré lui le nuage menteur dont il avait traîtreusement enveloppé cette affaire ; ses anciens instincts persécuteurs se sont réveillés !... C'est la PRESSE, c'est cette mortelle ennemie qu'ils veulent atteindre, et puisque le sort m'a fait l'honneur d'être son champion dans cette circonstance, je ne lui faillirai pas !

« Gardez donc mon nom, messieurs, je vous en conjure ; il n'est, vous le voyez, ni si faible ni si obscur, maintenant qu'il est fortifié et rehaussé par cette glorieuse compagne ! Gardez mon nom, messieurs, car la personnification qu'il représente est grande comme une liberté ! Gardez mon nom, je vous en conjure ; et puisque ma prison vous fait la nécessité de venir chercher chaque jour ma signature, venez la prendre, chaque jour, ouvertement, officiellement ; je vous la tendrai à travers les barreaux de ma geôle, et vous verrez que la plume du prisonnier n'est pas plus brisée que son courage ! Venez la prendre, car il n'y a pas de loi qui puisse se dresser entre vous et moi pour vous empêcher de la recevoir, et si quelque geôlier se chargeait de la représenter, il n'y a pas un tribunal qui pourrait vous ordonner d'effacer mon nom ! Gardez le donc ce nom, et montrons ainsi que nous savons, nous, royalistes, aussi bien défendre que comprendre la liberté !

» Agréez, etc.

.   » *Le gérant*, ERNEST DE MONTOUR,

» Sainte-Pélagie, 7 février 1841. »

A la lecture de cette lettre si remarquable, on introduisit un référé auprès de M. le président Debelleyme, qui décida en présence des lois de septembre qu'un gérant en prévention ne pouvait être privé du droit de signer.

La presse indépendante, dont nous ne pouvons, à notre grand regret, reproduire les volumineuses et pressantes argumentations en faveur de *la France* et de la liberté individuelle indignement violée dans la personne de son gérant et de son rédacteur en chef, applaudit à l'ordonnance de M. Debelleyme.

Cette ordonnance de référé stimula le ministre de l'intérieur, qui déjà comptait forcer *la France* à fournir un nouveau gérant et un nouveau cautionnement, le parquet lui-même, qui manda un des rédacteurs pour se plaindre de tout ce bruit, et quand cet interprète le *Messager*, qui lança ses foudres contre le journal. Quel scandale y avait-il donc à réclamer l'exécution la loi ? Pourquoi le parquet n'avait-il pas le premier jour incliné son front devant la majesté de la loi ? il connaît les articles au moyen desquels on sévit : ne devait-il pas s'emparer de ceux qui sont en faveur de la presse ? Il faut que les ministres sachent qu'ils n'ont pas le droit de jouer avec la liberté des citoyens ; au-dessus d'eux il y a l'opinion publique, et quand cet impitoyable juge des actes du pouvoir se lève et les flétrit, il faut qu'un ministère, quel qu'il soit, se résigne ou à rentrer dans la légalité ou à subir l'animadversion qu'un pareil despotisme entraîne après lui. Cependant la captivité de MM. de Montour et Lubis continuait toujours, et de nouveaux interrogatoires semblaient n'avoir lieu que pour servir de prétexte à leur détention prolongée, car ils n'ont jamais cessé de faire les mêmes réponses et de repousser toute supposition de *faux* avec la même énergie.

Il faut relater ici un fait qui fut réprouvé par tous les hommes honnêtes ; MM. de Montour et Lubis furent un jour en attendant un interrogatoire enfermés à la Souricière, lieu où l'on dépose les voleurs ; la presse encore fit justice de ce révoltant oubli de tous les égards dus aux prévenus politiques. La *Quotidienne* le releva en ces termes :

« M. le préfet de police s'est défendu dans le *Messager* de cette ignoble violence. A qui donc l'imputer ? Nous n'avons nul intérêt à nous en enquérir. Ce qu'il faut constater c'est qu'en un temps de dégradation morale et pour des ministres sans pudeur l'homme de lettres, l'homme qui a cultivé son intelligence et qui prend part aux luttes de la pensée, n'a rien qui le distingue du bandit de la borne, du coupe-jarret et du filou. Notez pourtant qu'on nous parle de la progression de l'humanité en ligne ascendante ! Mais ce sont là de vaines paroles. A l'heure qu'il est il y a dans les régions du pouvoir un air de pestilence qui rend certains hommes furieux au seul nom d'écrivain et de journaliste. Nous sommes considérés comme gens dignes de tous les supplices. Il faut nous mettre les menottes et nous jeter dans les souricières ; c'est bien le moins. Et les hommes les plus atteints de cette rage sont des journalistes et des écrivains, mais des écrivains devenus grands seigneurs. La presse les a faits quelque chose, et ils disent que le monde ne saurait aller tant qu'il y aura une presse. C'est à ces renégats sans talent que nous devons les pensées d'oppression qui fermentent contre les gens de lettres. Et c'est ce fait que nous voulions mettre en lumière. Que M. Delessert jette sur d'autres l'odieux d'une persécution honteuse ; c'est son affaire. Pour nous, nous la trouvons en harmonie avec la politique des philosophes qui nous gouvernent. Dégrader l'homme et dégrader la France, c'est le même système. »

Divers journaux annoncèrent successivement que MM. de Montour et Lubis allaient être rendus à la liberté ; mais ce fut le samedi 6 avril seulement qu'une ordonnance de non-lieu de la chambre du conseil intervint en leur faveur. On avait particulièrement fait grand bruit du crime qui leur était imputé ; ce crime emportait avec lui une peine infamante. On se réjouissait d'avance de l'idée de flétrir des hommes de conviction ; c'était un premier coup d'état contre la presse, une sorte de 18 fructidor, mais il a été impossible au ministère d'aller jusqu'au bout. Le code pénal lui a manqué et il a été prié de rendre ses prisonniers à une liberté qu'il ne voulait pas leur donner. Le *Messager* garda le silence sur ce résultat, et MM. de Montour et Lubis, furent contraints de lui écrire pour l'inviter à l'insérer dans ses colonnes

Cette fois encore, la presse indépendante fut unanime pour applaudir a cette mise en liberté, si impatiemment réclamée par elle.

Le 14 avril M. de Montour reçut une signification de l'arrêt de la chambre des mises en accusation qui le renvoyait devant la cour d'assises, sous la prévention *d'offence envers Louis-Philippe, et d'attaque contre la dignité de ce prince et l'inviolabilité de sa personne.*

Cet arrêt porte en outre qu'il n'y a pas lieu à suivre contre les journaux reproducteurs, le *National*, la *Quotidienne*, le *Commerce*, la *Gazette de France* et l'*Echo Français*.

La disposition de l'ordonnance de la chambre du conseil du tribunal de première instance, qui a écarté la question de faux et renvoyé de la plainte les journaux reproducteurs, n'ayant pas été attaquée, est déclarée définitive par cet arrêt. Elle fut suivie de la signification de l'ordonnance de M. le président de la cour d'assises de la Seine, qui ordonna la citation de M. de Montour à la cour d'assises pour le samedi 24 avril.

COUR D'ASSISES DE LA SEINE.

Audience du 24 avril 1841.

PRÉSIDENCE DE M. POULTIER.

Dès huit heures du matin les abords du Palais-de-Ju stice étaient encombrés d'une foule considérable. A 10 heures, la salle d'audience était comble, et c'est avec peine que M⁰ Berryer, défenseur de la *France*, a pu parvenir jusqu'à la place qui lui était réservée. A côté de l'illustre orateur sont placés M. de Montour, gérant, et M. Lubis, rédacteur en chef du journal incriminé. Jamais dans aucun procès politique la cour d'assises n'a présenté un aspect aussi animé, aussi imposant. Toutes les notabilités de la magistrature et du barreau s'étaient donné rendez-vous à cette solennité judiciaire. Parmi les nombreux spectateurs, on remarquait : M. le duc de Fitz-James, M. le duc de Lorges, M. le marquis Henri de Larochejaquelein, M. le comte de Sémallé, M. le vicomte de Sémallé, M. le vicomte de Baulny, M. le comte de Kergorlay, M. le vicomte de Kergorlay, M. le vicomte d'Arlincourt, M. le vicomte Edouard Walsh, M. le vicomte de Blosseville, M. le comte de Valori, M. le comte de Lostanges, M. le vicomte Hector de Jailly, M. le baron de Brian, M. Dufougerais, M. le comte de Cazes, M. le comte de Resseguier, M. le comte Charles de Bourmont, M. le marquis de Vogué, M. le baron et M. le chevalier Onffroy, M. le comte de Bouville, M. le comte de Chastellux, M. le chevalier Cartouzières, M. Bellemare, M. Frappier et tant d'autres dont les sympathies honorent autant qu'elles sont chères.

Mme la comtesse de Kergorlay, Mme la baronne de Montour, Mme la marquise de Coislin, Mme la marquise de Fénelon, Mme de Roncherolles, Mme la comtesse de Rességuier, étaient au milieu des dames qui avaient été admises dans l'enceinte réservée.

M. LE PRÉSIDENT. L'audience est ouverte. Je rappellerai au public que le plus grand ordre et le plus grand silence doivent régner dans l'audience. et que tout signe d'approbation ou d'improbation sont interdits; je serais obligé de faire sortir ceux qui violeraient cette règle indispensable. Prévenu, levez-vous ; quels sont vos nom, prénoms et profession ?

M. DE MONTOUR. Hugues-Stanislas-Ernest de Lebeau de Montour, gérant de la *France*. âgé de 26 ans.

M. LE PRÉSIDENT. Je vais recevoir le serment de MM. les jurés.

Les jurés prêtent serment dans l'ordre suivant : MM. Guy, Peyrusse, Poret, Guérin, Edeling, Papeguy, Biétry, Borderet, Jalles , Tardy, Teillard, Marie.

Le greffier donne lecture de l'acte d'accusation, duquel il résulte que M. de Montour est prévenu d'offense envers la personne de Louis-Philippe, pour publication de lettres remontant aux premières années de la révolution de 1830.

M. LE PRÉSIDENT au prévenu Avant que les débats s'engagent par le réquisitoire de M. l'avocat-général et la plaidoirie de votre avocat, je dois vous demander si vous avez l'intention de produire quelques pièces dont vous n'ayez pas donné connaissance dans le cours de l'instruction.

M DE MONTOUR. Ces pièces se produiront dans ma défense.

M. LE PRÉSIDENT. Vous vous rappelez quel a été votre système de défense dans l'instruction. Vous avez dit, lorsqu'on vous demandait vos

— 22 —

preuves, que vous les produiriez devant ceux que vous appelez vos juges.

M. DE MONTOUR. Elles seront produites quand il en sera temps.

M. LE PRÉSIDENT. Je dois vous interpeller formellement sur le point de savoir si, à l'heure qu'il est, au moment où il vous est permis de produire les documens, originaux, pièces originales, vous avez l'intention de les produire. Il faut, en effet, que le ministère public, comme la défense, s'appuient sur ces mêmes pièces. Qu'avez-vous à répondre ?

M. DE MONTOUR. C'est à l'accusation à faire sa preuve. C'est après l'avoir entendue que nous verrons ce que nous aurons à faire.

M. LE PRÉSIDENT. Il est cependant un point essentiel à établir. En matière de presse, le délit est dans l'écrit publié ; mais, par suite de la singularité de cette affaire, il a été question, dans cette même affaire, de quelque chose autre que l'écrit publié. Vous avez parlé de pièces que vous avez dites originales, et qui ont servi de base à l'accusation. Maintenant, pour savoir si le délit qui vous est reproché aura la qualification fixée par l'arrêt de mise en accusation, nous avons à vous demander si vous avez à invoquer autre chose que le journal publié ou d'autres documens dont il serait essentiel de donner connaissance avant l'ouverture de la discussion.

M. DE MONTOUR. Mon défenseur répondra au ministère public et justifiera la publication.

M. LE PRÉSIDENT. Ainsi, sur la demande catégorique que je vous adresse, tendant à savoir si vous avez à produire quelques originaux ou quelques pièces que ce soit qui puissent servir de base à la discussion, vous répondez que vous n'avez rien à produire ?

M. DE MONTOUR. Mon défenseur n'a rien à produire avant que son tour de parole soit arrivé.

M. L'AVOCAT-GÉNÉRAL. Est-ce que votre défenseur croirait avoir quelque production à faire dans sa plaidoirie ?

M. BERRYER. Le journal la France est traduit devant le jury comme s'étant rendu coupable d'offense en publiant des lettres. Nous attendrons le développement de l'accusation pour mesurer le système de la défense au langage du parquet.

M. L'AVOCAT-GÉNÉRAL. Ainsi vous n'avez rien à produire, quant à présent.

M. BERRYER. Rien, quant à présent. Nous attendrons le développement du système de l'accusation.

M. L'AVOCAT-GÉNÉRAL. Nous prenons acte de l'interpellation positive de M. le président et de la nôtre. La réponse du prévenu, nous l'acceptons, il le faut bien ; mais nous avons le droit de nous en étonner. Si en effet il y avait eu production quelconque à faire à un moment quelconque, c'était évidemment dès l'ouverture de ces débats, à l'ouverture même de cette audience.

M. BERRYER. Je réponds encore qu'il nous est impossible de nous expliquer avant d'avoir entendu M. l'avocat-général. Notre réponse sera mesurée sur le système de l'accusation.

M. L'AVOCAT-GÉNÉRAL. Notre système est connu. Il est fixé par l'ordonnance de renvoi.

M. BERRYER. La défense répondra à l'accusation.

M. PARTARRIEU-LAFOSSE prend la parole pour soutenir l'accusation.

La calomnie est un art en progrès. On a cru pendant longtemps que pour offenser la personne d'un roi il pouvait suffire d'élever contre lui des accusations injurieuses, de lui imputer des faits qui, s'ils étaient vrais, déconsidéreraient ce roi dans l'opinion publique. Mais il y a à ce système d'attaques, une réponse, que les partis peuvent aisément prévoir. Ainsi, des imputations, on les détruit par des assertions contraires. Un roi est attaqué dans telle ou telle partie de sa politique. Ceux qui on mission de le défendre répondent à ces attaques par des faits contraire qui sont consignés aussitôt dans des documens qui restent, et par lesquels par conséquent l'accusation est repoussée.

Mais on a imaginé depuis quelques années une nature d'attaques plus périlleuses assurément, mais aussi, bien plus odieuses de la part de ceux qui y ont recours. Ce mode d'attaque est celui-ci :

L'écriture d'un roi peut être facilement connue. L'art des faussaires peut s'appliquer à l'écriture d'un roi comme il peut s'appliquer à l'écriture d'un simple particulier. Si des lettres étaient imaginées; si l'on attribuait à ce roi d'avoir, à tel ou tel titre, écrit une lettre où, mettant à nu sa conscience, il montrerait lui-même (pour appeler les choses par leur nom) quelles sont les turpitudes de sa conscience, où il s'accuserait lui-même par son propre langage, combien ce nouveau moyen d'attaque deviendrait excellent, s'est-on écrié. Voyez en effet dans quelle position un roi serait placé.

Faudra-t-il, comme dans une affaire de faux ordinaire, qu'il vienne dénier personnellement les lettres qui lui sont attribuées? Faudra-t-il ensuite qu'il vienne de sa main tracer un corps d'écriture qui serve de pièces de comparaison? Et quand toutes ces pièces seront faites, faudra-t-il que des experts viennent les examiner, pour que, sur l'examen fait par les experts, une décision puisse intervenir plus tard? Oh! mais alors, que d'incertitudes! Et ce qu'on a dit souvent de la science *conjecturale* des experts reviendra ici avec une force toute nouvelle. Croirait-on à une indépendance qui permettrait de dire que s'ils ont méconnu l'écriture du *roi*, c'est parce que leur conscience leur ordonnait de la méconnaître? Comment pourrait-on arriver à ce résultat de préciser d'une manière complète, sans possibilité de soupçon, l'identité des lettres attaquées.

Il y aurait donc ainsi impossibilité de défense. Ce calcul, que nous appelions odieux tout à l'heure, que nous sommes autorisés sans dou-te, à appeler ainsi, non pas au nom d'une politique quelconque, mais au nom de la plus simple et de la plus vulgaire probité, ce calcul, c'est celui que la *France* a fait dans l'article que nous vous déférons; c'est celui dont elle a dit le but avant d'insérer ces fragmens de correspondance, et dans tous les articles publiés par elle.

Pour vous le démontrer, nous n'avons qu'à lire l'article lui-même et les fragmens qu'il cite, car évidemment aucun procès ne serait possible si l'article, si les fragmens attribués à la main du *roi* ne contenaient pas l'idée d'offense envers la personne du *roi*. Il faut donc, je le répète, vous lire sans réflexion aucune l'article précédant les fragmens, et les fragmens eux-mêmes.

Voici l'article :

« LA POLITIQUE PERSONNELLE DE LOUIS-PHILIPPE EXPLIQUÉE PAR LUI-MÊME.

» Louis-Philippe a un système de politique dont il poursuit la réalisation à travers les changemens de ministère. Il a sans cesse cherché, en exerçant son droit constitutionnel, à former un cabinet qui associât sa responsabilité parlementaire et légale à la mise en pratique de sa pensée intime et personnelle. L'a-t-il enfin trouvé dans le ministère du 29 octobre?

» M. Thiers lui-même n'est-il pas entré dans la direction du système en exécutant sur ordonnance, puis en défendant devant la chambre le projet de fortifier Paris? Ce sont là des questions graves et sérieuses, et les documens que nous mettons sous les yeux de la France feront évanouir beaucoup d'incertitudes.

» Nous avons toujours pensé que la politique du système personnel irresponsable avait eu pour but de donner à l'Europe des garanties, afin d'éviter la guerre; ces garanties consistaient dans un plan de compression de la révolution à l'intérieur.

» Une correspondance destinée à agir sur les cours de l'Europe a passé sous nos yeux. Probablement elle n'a dû sa révélation qu'aux indiscrétions anti-diplomatiques dont les ministres du gouvernement de juillet ont donné l'exemple à la tribune dans la discussion de l'adresse.

» Nous en reproduisons quelques fragmens qui remontent aux premières années de la révolution de 1830, et qui montrent que dès cette époque l'avenir était engagé, imprudemment peut-être, sur les points suivans :

LES TRAITÉS DE 1815 DÉCLARÉS INVIOLABLES.

LA FORTIFICATION DE PARIS comme moyen de contenir la capitale.

L'ABANDON D'ALGER promis à l'Angleterre.

L'ALLIANCE ANGLAISE comme prix de cet abandon.

L'ABANDON DE LA POLOGNE.

» Les documens que nous publions n'apprendront rien sans doute à ceux qui savent, mais ils serviront à rectifier beaucoup d'erreurs, et à montrer sous leur aspect véritable les premières années de la révolution de juillet, dont l'histoire est encore à faire. »

Après ce document se trouve un renvoi par note, où l'on trouve ces mots : « Ces documens complets vont être publiés avec *fac simile* : les » lettres publiées il y a quelques jours par la *Gazette* en font partie. »

Viennent ensuite les trois fragmens dans lesquels rien n'indique où des suppressions peuvent avoir été faites. Je lis le premier fragment :

. . . .

« La voilà cette fameuse épître. Vous qui *n'ignorez* rien des nécessités qui l'ont inspirée, vous seul ne vous tromperez pas sur le véritable sens qu'elle doit avoir pour vous, et quoique je vous la copie moi-même, je me garderai de vous dire : *tenez-vous-en rigoureusement* et consciencieusement *à la lettre*.

» En thèse générale, ma résolution la plus sincère et la plus ferme est de maintenir inviolables tous les traités qui ont été conclus depuis quinze ans entre les puissances de l'Europe et la France. Quant à ce qui concerne l'occupation d'Alger, j'ai des motifs plus particuliers et plus puissans encore pour remplir fidèlement les engagemens que ma famille a pris envers la Grande-Bretagne.

» Ces motifs sont le vif désir que j'éprouve d'être agréable à Sa Majesté Britannique, et ma conviction profonde qu'une alliance intime entre les deux pays est nécessaire, non seulement à leurs intérêts réciproques, mais encore à l'intérêt de la liberté et de la civilisation de l'Europe. Vous pouvez donc, Monsieur l'ambassadeur, affirmer à votre gouvernement que le mien se conformera ponctuellement à tous les engagemens pris par Sa Majesté Charles X, relativement à l'affaire d'Alger (1).

» Mais je vous prie d'appeler l'attention du cabinet britannique sur l'état des esprits en France, de lui faire observer que l'évacuation d'Alger serait le signal des plus violentes récriminations contre mon gouvernement, qu'elle pourrait amener des résultats désastreux, et qu'il importe à la paix de l'Europe de ne point dépopulariser un pouvoir naissant et qui travaille à se constituer. Il faut donc que, rassuré sur nos intentions et convaincu de notre ferme volonté de remplir envers elle la promesse de la Restauration, Sa Majesté Britannique nous laisse le choix du temps et des moyens. »

Voici maintenant le second fragment :

. . . .

« Il paraît que vous n'avez pas encore réussi à faire comprendre à Vienne et à Saint-Pétersbourg, que sans la non-intervention l'Europe

_____

(1) La note de M. le prince de Polignac n'avait pas le caractère que cette lettre lui attribue. Le procès des ministres et les interrogatoires subis par M. de Polignac devant M. Mangin lui-même, ont établi que jamais la restauration n'avait pris d'engagement vis-à-vis de l'Angleterre.

était ébranlée, que l'Autriche eût perdu l'Italie comme on a enlevé la Belgique à la Hollande. A-t-on pu ou dû oublier que lors du gouvernement Czartoriski, la Pologne en masse, sous l'influence révolutionnaire, eût été debout, et que sans notre sage et salutaire influence elle se fût réunie à la France pour repousser, pour écraser. qu'on n'en doute pas, la Russie malgré ses forces colossales; parce qu'il est immortellement vrai que *lorsqu'un peuple vraiment peuple* est debout pour sa liberté, il n'y a pas de pouvoir absolu.

(Nous lisons ce mot, dit M. l'avocat général, car c'est imprimé.)

» ... Qui suffit pour le dompter. J'avais mieux espéré des éclaircissemens que vous avez dû donner sur l'immensité du service que nous avons rendu à la Russie, à l'Autriche et à la Prusse, service qui ressort du fait, puisque la Pologne a succombé et non pas sans quelque péril pour nous. Qu'on y songe un peu plus, pour ne pas nous mettre dans la nécessité d'en faire souvenir sans cesse.

« N'avez-vous pas les deux lettres de Lafayette, contenant les reproches à notre ministre *d'avoir paralysé par ses conseils et promesses les moyens de défense de la Pologne?* En faut-il plus pour les cabinets de Vienne et de Saint-Pétersbourg, et peut-on ignorer tout le danger qui existait pour la Russie dans les plans et le système de défense adopté par les Polonais sous le prince Adam, et voudrait-on oublier ce qu'on nous doit à nous comme unique et puissant moteur des mesures qui ont paralysé ces résolutions, neutralisé le système et réalisé les paroles prophétiques de Sébastiani?

« Mais brisons là-dessus ; la Pologne n'est plus, et c'est nous, bien plus que le vainqueur de Varsovie, que le cabinet de Saint-Pétersbourg doit remercier d'avoir ÉCRASÉ ce foyer d'incessante rébellion. Faites qu'on s'en souvienne un peu plus à Vienne et surtout à Saint-Pétersbourg.

Le troisième fragment est ainsi conçu :

. . . .

« Il y a d'épouvantables conséquences à redouter dans les crises politiques, lorsqu'une volonté sage et prévoyante se trouve en inévitable contact avec l'obstination d'un zèle qui peut, dans ces cas, se réputer hardiment mauvais vouloir. Si au lieu d'en finir brutalement avec les artilleurs civiques, l'on eût suivi mon seul avis, qu'on eût flatté, cajolé ces hommes, qu'on leur eût fait entrevoir que, si l'on pensait à construire des forts, c'était pour leur en confier la garde ; si on leur eût persuadé qu'en cas d'une invasion, Paris ne pourrait devoir son salut qu'à de pareils défenseurs ; si enfin, au lieu d'une destitution brusque, on eût pris ces *citoyens* par la vanité, Arago et les siens n'eussent pas été admis à prouver que les forts, bien loin d'être destinés à repousser une invasion étrangère, deviendraient, le cas échéant, une ressource victorieuse pour maintenir dans le devoir et la soumission la très turbulente population de Paris et *ses aimables faubourgs...* »

Ses aimables faubourgs, dit M. l'avocat-général, sont en lettres italiques.

« C'était du temps qu'il fallait gagner, et au lieu d'irriter les esprits il fallait endormir le civisme en émoi pour le préparer au salutaire moment où une ordonnance nous eût fait justice de tout récalcitrant. Du reste, rien ne me fera renoncer à un projet si sagement conçu et à l'exécution duquel, dans l'état de choses où se trouve la France, j'attache en quelque sorte, non certes la durée de la monarchie constitutionnelle, mais la perpétuité de ma dynastie, ce qui sonne mieux et vaut mieux pour la France. Qu'on se persuade bien que moi seul je pouvais affronter, diriger et vaincre l'hydre révolutionnaire. Qu'on nous en sache donc un peu plus de gré. On ne tient aucun compte de nos efforts inouïs, on ne sait pas à quel peuple nous avons à faire, et que depuis quarante ans on peut regarder Paris comme étant la France.

» Qu'on s'assure donc que je ne renonce pas à mon projet ni à celui de maîtriser la presse, notre plus dangereuse ennemie. On a gagné grande partie des écrivains, les autres suivront, et le calme succédera aux excitations malignes et journalières de ces plumes guerroyantes. Qu'on pense à ce que Juillet eût pu attirer sur l'Europe en 1830. Que l'on voie ce que notre seule et forte volonté a fait de cette effrayante ébullition populaire. Que l'on juge par là de ce que nous ferons, et surtout qu'aucune des puissances n'oublie que nous seul nous pouvions le faire, sauver la France et l'Europe, et nous l'avons fait.

» Que ni Vienne, ni Saint-Pétersbourg, ni Berlin ne l'oublient. »

Voilà, messieurs, voilà, continue le ministère public, l'article et les fragmens. Eh bien! en présence de cet article, en présence de ces fragmens, il y avait évidemment une question qu'on devait s'adresser. Cet article, ces fragmens constituent-ils dans leur teneur une offense à la personne du *roi*? Selon nous, évidemment oui. En effet, messieurs, il résulterait des documens publiés, que le *roi* élu en 1830 pour répondre à des sentimens et à des sympathies patriotiques, aurait déserté ces sentimens et ces sympathies; qu'ainsi il aurait écrasé la Pologne, dans l'intérêt de la Russie; qu'il aurait promis à l'Angleterre d'abandonner Alger, et que cette promesse il l'aurait faite dans l'intérêt de la perpétuité de sa dynastie et non dans l'intérêt de la perpétuité de l'ordre monarchique constitutionnel dont il semblerait au contraire projeter la ruine; qu'enfin, pour arriver à ce projet, il aurait eu l'intention tyrannique de fortifier Paris pour empêcher toute résistance de la part de la capitale, et tourner de la sorte contre les citoyens des fortifications construites pour les protéger contre l'étranger. Tel est, messieurs, l'ensemble des imputations contenues dans ces lettres.

Maintenant je vous demanderai comment vous appelleriez un roi qui aurait écrit de pareilles choses. Certainement, nous n'hésitons pas à le qualifier du nom d'un de ces tyrans qui ont un langage apparent contraire à la pensée qu'ils ont dans le cœur. Présenter ainsi le roi, n'est-ce pas l'offenser de la manière la plus évidente? En effet, cela est si vrai que la presse tout entière l'a compris comme nous, et les journaux ennemis du gouvernement se sont aussitôt emparés de ces fragmens de lettres. La *Gazette de France* les a publiés en les signalant comme l'expression de la politique personnelle du *roi*, séparant ainsi le *roi* de ses ministres responsables.

Eh bien! avait-on ces lettres dans les mains? Non, messieurs. Pour nous, nous n'avons pas hésité à penser qu'elles étaient fausses. D'abord une première objection se présente à nous : il est impossible que le *roi* ait écrit ces choses; il est impossible que quelqu'un les ait reçues, et d'ailleurs si quelqu'un les a reçues, il est impossible qu'il les ait communiquées. Et puis, messieurs, voilà un tyran, que ces lettres nous présentent comme un homme si déguisé, qui va se trahir lui-même. Est-ce croyable? Est-ce que la prudence humaine ne nous dit pas qu'il est toujours dangereux d'écrire des lettres qui peuvent, par une foule de circonstances, s'échapper des mains du destinataire? Messieurs, quand on a de ces idées et qu'on a besoin d'un confident, on ne les écrit pas, on les communique par le secours de la parole, qui ne laisse aucune trace.

Il est donc impossible que le roi ait pu trahir ainsi son propre caractère; mais, d'un autre côté, à qui écrit-il ces lettres? Il y en a une, c'est la première, qui indiquerait qu'elle fut adressée à un ambassadeur, à M. le prince de Talleyrand. Quel est le talent, quel est le caractère bien connu de cet ambassadeur? Qui ne sait que M. de Talleyrand était l'homme le plus habile dans les matières diplomatiques qui demandent le plus de secret? Eh bien! ce serait M. le prince de Talleyrand qui aurait reçu les lettres et qui les aurait communiquées, et il n'aurait pas gardé le silence sur leur contenu! Messieurs, il y a une chose que la raison et le bon sens se refusent à croire, c'est l'indiscrétion qu'aurait commise M. de Talleyrand. Si l'ambassadeur du roi des Français, si le roi des Français eussent agi de la sorte, le roi des Français et son ambassadeur auraient agi comme des enfans qui se livrent à la haine de leurs ennemis.

Non, Messieurs, ces lettres ne devaient pas être vraies, et voilà ce que d'abord on devait se dire et ce qu'on ne s'est pas dit.

Ici le ministère public rapporte un arrêt de la cour de cassation qui déjà a eu à s'expliquer dans une affaire à peu près semblable. Il s'agissait d'un document argué de faux par un individu à la réputation duquel il portait atteinte ; mais ce document n'était pas produit. La cour, ajoute l'avocat-général, déclara qu'il y avait dans le refus de produire le document une atteinte à l'honneur et à la considération du plaignant.

Qu'a fait le gérant de *la France* dans la cause actuelle ? on lui a demandé de produire les lettres ! Il s'est contenté de répondre qu'elles n'étaient pas fausses, et qu'il les produirait devant le jury. Pourquoi cette réponse et ce retard ? est-ce que vous ne comprenez pas que chaque jour de retard est un motif de plus de supposer que la pièce est fausse ?

M. l'avocat-général explique que si la poursuite en faux n'a pas eu lieu, c'est parcequ'on n'avait pas la pièce sur laquelle on aurait pu baser cette poursuite. Rappelant ensuite le refus qu'a fait M. de Montour de ne produire les lettres que devant le jury, M. Partarieu-Lafosse dit que le gérant de *la France* est aujourd'hui, comme il l'a été pendant l'instruction, dans l'impossibilité de produire les lettres.

M. l'avocat-général examine la conduite qu'on a tenue avant le jour du débat. Il annonce que M. Lubis, après l'ordonnance de non-lieu du 5 mars, s'est empressé de se rendre à Londres pour y chercher un moyen de défense désespéré ; il soutient ensuite que c'est en vain que M. Lubis, après sa mise en liberté, a pris, à la date du 22 mars, un passeport pour l'Angleterre, et a été y chercher les originaux des lettres qu'il croyait entre les mains d'une femme qui plus d'une fois a été mise en avant dans cette affaire. Oh ! s'écrie-t-il, c'est ici que nous rencontrons un nom que nous n'aurions pas fait intervenir si la *France* ne l'avait pas fait intervenir elle-même, c'est celui de cette femme qui a écrit une déclaration qu'on veut vous présenter comme une preuve complète de l'existence des lettres. Voici cette déclaration :

« *Ma réponse aux journaux anglais et français au sujet des autographes de* LOUIS-PHILIPPE ; *partie écrite durant son émigration et les autres sortant du portefeuille secret de* TALLEYRAND.

» Le moment est enfin venu pour moi de rompre le silence. Jusqu'à présent j'ai laissé passer les attaques dirigées contre ma personne et contre mon caractère, sans élever la voix, sans faire entendre aucune plainte, sans protester au nom de la vérité ; les outrages de toutes sortes, les calomnies les plus odieuses ont circulé, sans qu'un mot échappé de ma plume leur ait donné un démenti facile et solennel.

» Cette attitude passive avait un motif que je puis dire honorable : je craignais de compromettre, en intervenant directement, le sort de deux hommes que je ne connaissais pas, dont je ne partage ni les opinions ni les sympathies politiques ; mais que je voyais victimes d'un pouvoir arbitraire, et privés de leur liberté par un machiavélisme que j'abhorre, parce que j'en connais toute l'abjection. Tant que le rédacteur et le gérant du journal *légitimiste* (la *France*) ont été sous les verrous, tant qu'il a existé quelque incertitude sur la nature du procès qui leur était intenté, j'ai fait taire tout amour-propre, tout intérêt personnel ; maintenant que j'ai rempli un engagement volontairement contracté, la parole m'est enfin rendue, et je vais détruire de fond en comble l'échafaudage de mensonges et de fausses allégations que la calomnie élève en face de l'opinion publique pour masquer la vérité ; c'est en Angleterre que je ferai mes preuves, parce que l'Angleterre est un pays d'heureuse libérté, et que la justice n'y est pas vassale de la politique. Un juge n'y est point un instrument ministériel, la magistrature y est indépendante, elle comprend toute la sévérité de ses devoirs; on n'y verrait point un magistrat se constituer l'aveugle instrument d'un chef de police. En Angleterre, le principe de la responsabilité est pratiqué avec une constante fermeté; un citoyen peut entreprendre de résister aux persécutions; la justice y est égale pour tous; inflexible comme la loi elle-même, elle domine jusqu'à ses organes, et satisfaction n'est jamais refusée à qui que ce soit.

» On sait que je suis, depuis sept années de mon séjour à Londres, en possession de lettres autographes émanées du duc d'Orléans pendant son émigration, lettres adressées au comte d'Entraigues; on sait encore que j'en possède de plus récentes et entre autres 42 notes confidentielles sorties du portefeuille de Talleyrand; quelques-unes de ces lettres et de ces notes ont été insérées tour à tour par la *Gazette de France* et et par la *France*, sans ma participation ni mon consentement direct; mais ces documens sont de la plus incontestable authenticité. On a fait grand bruit en France de leur publication, et il ne s'est trouvé personne pour oser dire que ces pièces avaient été publiées en 1835 à Londres, partie fac-simile sous le titre de *Correspondance du prince émigré*, et depuis, les notes de la correspondance secrète de Louis-Philippe avec Talleyrand publiées en 1839, dans le journal anti-philippiste (le *Portefeuille français*), dédié à M. Thiers, avec cette épigraphe : *le style c'est l'homme*. Ce recueil se vendait publiquement avec toutes les formalités en usage en Angleterre; non-seulement, comme je l'ai dit plus haut, neuf pages *fac simile* de la correspondance secrète furent distribuées également et publiquement aux clubs, aux tavernes, aux libraires et aux établissemens publics, mais à diverses époques j'ai, moi-même, adressé et remis personnellement des exemplaires à Londres et à Paris aux *personnages* dont les noms suivent :

» Le maréchal Soult, lors de son ambassade *fort* extraordinaire.

» Au duc de Nemours, à son hôtel Albemarle Street.

» Au duc de Cazes, au Luxembourg.

» Au comte Camille Montalivet.

» Au baron Bourqueney, chargé d'affaires.

» Au baron Pasquier.

▶ Et enfin, en dernier lieu, à M. Guizot, alors ambassadeur à Londres, une caricature complète avec les *fac-simile* de l'émigration de Louis-Philippe

» Et autres personnages plus ou moins importans dont les noms m'échappent;

» Et pourtant on a osé en France *accuser de faux* des journalistes qui n'ont fait que reproduire mes publications dont les autographes ont été et sont encore partie en ma possession. Les feuilles anglaises, tous les journaux de Londres ont reçu les exemplaires de toutes mes publications; fac-simile, caricatures et autres depuis 1835; j'ai provoqué l'expertise de toutes les pièces autographes et calquées qui furent et sont encore déposées et à ma disposition. Des entraves sans nombre interrompirent mes publications; la crainte des uns, la lâcheté des autres firent le reste. Si j'avais calomnié Louis-Philippe, la législation anglaise était là pour me punir et le protéger ; mais son ambassadeur savait, et ses émissaires aussi, qu'on ne pouvait ni me gagner ni m'empêcher de publier, et ils prirent le parti du silence.

» J'ai appris que M. Philippe Dupin, digne défenseur de la *pureté tricolore* de son *patron Philippe d'Orléans*, avait répété les stupidités odieuses, les plates calomnies du correspondant du *Morning-Post*, article du 20 janvier 1841, et de la *Gazette d'Etat de Prusse*. Quant à la correspondance du *Morning-Post*, personne n'a douté de son origine; elle émanait et était digne de son origine: comme l'a dit un journal, *elle sort d'une plume de police*. Celle de la *Gazette d'Etat de Prusse*, sortie de la même source impure, a été expédiée à Berlin par le baron Arnim, espèce de diplomate à la suite, dont le crédit est aussi problématique que les fonctions.

» L'avocat Philippe Dupin a prétendu que j'avais tenu une sorte de *bazar* où je vendais des autographes, que j'avais employé mille manœuvres pour obliger les ministres français et Louis-Philippe lui-même à racheter ces lettres, que je *fabriquais* ou *falsifiais*. M. Philippe Dupin en *a menti*, et de plus lâchement calomnié, car il a vu les autographes, et je le répète, M. Philippe Dupin *a menti* au tribunal et à sa conscience, s'il peut lui en rester une.

» En outre, M. Philippe Dupin a, dit-on, *habillé et déshabillé* ma *vieille* célébrité littéraire. Je le remercie; il me fournit un auguste quoique douloureux rapprochement: la belle et infortunée Marie d'Ecosse disait sur l'échafaud où le bourreau remplit au physique cet office près d'elle: « Je n'avais pas prévu que le sort me tenait en réserve *si étrange femme de chambre*. » A vous, M. Philippe Dupin, *salut*.

» Mais au fait, je porte un défi à l'avocat Philippe Dupin: je suis prête à prouver en justice légale que les copies que j'ai envoyées à Paris pour trouver des souscripteurs à ma collection, que ces copies sont sincères, exactes, qu'elles ont été faites sur les autographes, *ma propriété*, et que ces autographes, tant de l'émigration que du portefeuille secret de Talleyrand, sont authentiques et toutes de la main de Louis-Philippe. Ces papiers autographes ne consistent pas dans quelques chiffons épars et des feuilles isolées, mais dans un ensemble de lettres, mémoires, proclamations et notes des deux époques de la vie de Philippe d'Orléans, où la pensée, toujours la même, se développe avec les événemens sur lesquels elle s'exerce. J'ai défié, provoqué, et provoque (ici dans la libre Grande-Bretagne s'entend), toutes les expertises; un jury, quel qu'il fût, confondrait les assertions *sciemment mensongères* de M. Philippe Dupin, un jury ne méconnaîtrait pas les caractères de Louis-Philippe d'Orléans.

» Le procès de la *Gazette de France* contre le *Messager* a prouvé que les juges ne voulaient ni connaître ni regarder en face la vérité; ils ont fermé les yeux pour ne pas voir. On a produit des pièces *originales authentiques*; j'en produirai *cent autres s'il le faut;* mais à quoi bon? Le président du tribunal se couvrirait encore les yeux, et le procureur du roi *ôterait ses lunettes* pour déclamer plus à l'aise sans doute (mais fort maladroitement) sur *l'immoralité* de pareilles publications et sur la *violation du secret des lettres*, déclamations tout à fait comiques sous l'ordre de choses qui régit la France; puis *où donc la violation* et *l'immoralité?* Allons, je vois bien qu'il me faut venir en aide à M. le procureur du roi; aucune de ces lettres et papiers ne me furent adressés personnellement. Comme publiciste politique, *j'achetai* celles de l'émigration, ici, à Londres, d'un troisième dépositaire déjà, et je les *achetai pour les publier;* on conviendra que tous les jours on publie beaucoup de choses moins *curieuses*, et nous répondons résolument à M. le procureur du roi que le *scandale* n'existe que dans les opinions, les principes et les atrocités anti-françaises exprimées et contenues dans les lettres autographes de *Louis-Philippe, prince émigré*, et plus tard dans la correspondance secrète du *Roi des Français*. Cette dernière me fut donnée, et par là devint aussi ma propriété *pour la publication*. Ainsi donc, M. le procureur du roi me permettra de lui dire qu'en fait de *morale* et de *scandale*, je ne le regarde pas comme juge compétent.

» Si, du reste, le chef du gouvernement français eût eu à cœur de prouver que j'ai *falsifié ou contrefait ces lettres*, pourquoi ne pas couper le mal à sa racine? au lieu de saisir des journaux, d'emprisonner des écrivains, il fallait qu'il *m'attaquât directement*, qu'il me mît en demeure de produire mes preuves. Je les aurais produites ici à Londres sans crainte; j'ai droit aujourd'hui de refuser, vu le temps écoulé de puis la publication ; cependant *je ne recule pas*, et suis toujours prête à produire ces preuves ici, quand j'en serai légalement requise.

» Pour la dernière fois, j'atteste de nouveau en face de l'opinion publique que les lettres adressées sous l'émigration au comte d'Entraigues, par Louis-Philippe, duc d'Orléans (28 pages publiées fac-simile à Londres), que ces lettres sont *authentiques; que* toute supposition *de falsification* est une ineptie et une absurdité. J'atteste et déclare, en outre, que les 42 notes du portefeuille de Talleyrand sont également authentiques et hors de contestation ; toutes mes publications de 1833 jusqu'en 1839 vont reparaître en *fac-simile* à un grand nombre d'exemplaires. J'annoncerai publiquement le *volume unique*, qui se composera, tant *publié* qu'*inédit*, de cent vingt-six *pages fac-simile*, tout de la main de Louis-Philippe, pris et publié sur autographe. Un spécimen *fac-simile* des *grandes et petites écritures du même, par extraits des passages les plus saillans, précédera le volume unique, qui, en outre, contiendra un résumé critique et moral sur les deux époques, si différentes, celle de l'émigration* et celle de la royauté du 7 août, avec de fort utiles et piquantes *révélations par un homme d'état.* J'entourerai ma publication de tous les témoignages les plus irrécusables, pour que les doutes, s'il pouvait en rester, ou exister encore, soient promptement dissipés.

» L'impartialité bien connue de la presse anglaise m'est garant que les journaux qui ont accueilli les articles diffamatoires dirigés contre moi, et qui, à leur insu, se sont faits l'écho de la calomnie, ne refuseront pas la justice que je réclame, en ouvrant leurs colonnes à cette déclaration; car ce serait avec une véritable répugnance que je me verrais obligée d'exiger une autre réparation de leur part.

» LA CONTEMPORAINE,

» Propriétaire et éditeur responsable de la *Caricature française* à Londres , et des correspondances *fac-simile* de Louis-Philippe.

» 24, TUNBRIDGE PLACE, NEW-ROAD, OPPOSITE JUDD PLACE.

» On m'assure que M. de Saint-Aulaire doit arriver à Londres avec l'ordre formel de m'appeler devant les tribunaux. Quel bonheur inespéré ? Je pourrai en appeler à l'ambassadeur même de Philippe en lui offrant un fac-simile d'*un autographe signé de lui comme président du comité grec* en 1826, pour demander à monsieur l'ambassadeur, en lui représentant sa propre lettre, d'ailleurs très flatteuse et polie pour moi, s'il pense que sans *original* le fac-simile soit possible. » »

» Londres 1841. » »

Maintenant , Messieurs , il faut vous placer au point de vue que je vous signalais tout à l'heure, c'est-à-dire à celui-ci : Sommé de produire les lettres, le gérant de la *France* a répondu : Je les produirai devant le jury. Eh bien ! nous sommes devant le jury, et vous vous rappelez ce qu'il a répondu à M. le président qui l'interrogeait. Messieurs, si les lettres étaient vraies, s'il pouvait les représenter, hésiterait-il en ce moment? Evidemment, vous n'êtes pas une justice exceptionnelle, on ne peut pas dire que devant vous on soit placé hors du droit commun ; le gérant ne peut concevoir aucune crainte. Eh bien! point de pièces. A leur place, que présente-t-il ? le témoignage d'une prostituée émérite, d'une femme qui n'a pas de nom, que la honte a chassée de son pays, et qui, après avoir vendu tant de fois tout ce qu'une femme peut vendre, en est réduite à vendre les faux qu'elle commet. C'est là l'autorité du gérant de la *France;* c'est devant cette autorité qu'il veut faire fléchir le jury français. Non, Messieurs, ce serait une honte, et il est impossible qu'un jury français s'en rende le complice.

— 34 —

L'avocat-général combat la bonne foi qu'invoque le gérant de la *France*. D'ailleurs, ajoute-t-il, nous n'avons pas fait le procès sans nous enquérir des personnes; et votre bonne foi, dans cette circonstance, gérant de la *France*, vous échappe par vos habitudes et vos précédens. Tout le monde connaît vos opinions politiques, tout le monde sait que vous voulez dégrader le trône nouveau au profit du trône ancien. Votre intention de nuire s'explique suffisamment par votre position. Si vous avez offensé le roi, c'est bien sciemment. Cela ressort non pas seulement du texte de l'article incriminé, mais encore de la qualité du prévenu comme représentant aux yeux de tous le parti le plus hostile à la royauté de 1830.

L'avocat-général termine en déclarant que c'est avec confiance qu'il vient réclamer du jury la condamnation du gérant de la *France*.

Mᵉ BERRYER prend la parole au milieu du plus profond silence.

Pour suivre M. l'avocat-général sur le terrain de sa discussion et dans les différentes parties de cette discussion même, il me sera nécessaire d'entrer dans plusieurs explications. J'espère cependant être court, et je crois que ma tâche sera facile.

Avant tout, je dois dégager le procès des dernières observations qui vous ont été faites par M. l'avocat-général. Il voudrait faire juger le prévenu non pas seulement sur les faits qui vous ont été dénoncés, mais sur sa qualité même. Le prévenu, dit-on, appartient à une opinion politique; il appartient à un parti politique, et il suffit d'appartenir à ce parti pour être mis en prévention de haine, pour attacher à la publication des journaux qui en émanent une intention que le jury doit déclarer criminelle. Qu'est-ce donc cela, Messieurs? C'est vouloir nous faire condamner pour crime de tendance, et ce n'est pas autre chose.

Que dans les délits ou les crimes ordinaires où il s'agit de rechercher la vérité d'un fait, de rechercher si telle action a pu être commise, on étudie les antécédens, la moralité d'un homme, je le comprends; mais en matière de délit de presse, vous n'avez qu'une chose à examiner: c'est l'écrit en lui-même et non l'homme qui l'a publié. Et Dieu sait quelles réclamations multipliées parties de la bouche de tant de magistrats, de tant d'hommes libéraux, de M. l'avocat-général lui-même peut-être, se sont élevées pendant un grand nombre d'années contre les dispositions des lois de tendance qui, en matière de presse, permettaient de condamner, non pas seulement à raison des termes employés dans un écrit et mis sous les yeux des juges, mais en raison des motifs, des intentions, des dispositions, des hostilités de parti qui pouvaient être imputées au prévenu.

Tel était, en effet, le système d'une législation contre laquelle tous les hommes éclairés se sont longtemps récriés. Cette législation n'existe plus, et vouloir indirectement la faire renaître dans un réquisitoire, c'est évidemment violer la loi.

J'ignore, Messieurs les jurés, à quel parti vous pouvez appartenir comme citoyens : mais il est évident que par de telles paroles on cherche à réveiller dans vos consciences tout ce qu'il peut y avoir d'opposition, d'animosité, de haine même contre une opinion qu'on vous signale. Songez-y bien! au lieu de faire de vous des juges, on veut en faire des ennemis. Ce n'est plus aux organes de la vérité qu'on s'adresse, mais à ceux des passions politiques. Je vous le dis : là tendent les efforts de l'argumentation du ministère public. Vous trahiriez votre mandat, vous donneriez un public démenti au caractère dont vous êtes revêtus, si vous pouviez vous laisser entraîner dans cette funeste direction. Pour être des jurés hommes de bien, des jurés probes et libres, ainsi que vous vous y êtes engagés par le solennel serment que vous avez prêté devant Dieu et devant votre conscience, vous devez déposer en entrant ici toutes les influences de parti, de passions, d'inimitiés politiques, et n'apprécier que les faits mêmes qui vous ont été dénoncés.

J'entre donc dans l'examen de l'article.

— 32 —

Il y a eu deux procès dirigés, l'un contre la *Gazette de France*, l'autre contre la *France*, et il ne faut pas que ces deux procès se confondent devant vous. Le rédacteur de la *France* a été arrêté ; il a été incarcéré pendant un mois. On a dirigé contre lui une instruction pour crime de faux. Cette instruction a été suivie avec beaucoup de soin par le magistrat qui en était chargé. Plusieurs témoins ont été entendus. Il est résulté de leur audition l'indication de certains faits que j'aurai à vous faire connaître plus tard. Mais enfin on prétendait alors qu'il y avait non-seulement offense du rédacteur de la *France* envers le chef de l'état, on prétendait encore qu'il avait commis le crime de faux en publiant de fausses lettres, faussement attribuées à Louis-Philippe. Cette accusation n'a eu aucune espèce de résultat.

Le ministère public voulait faire déclarer que les pièces étaient fausses, que les éditeurs du journal étaient ou les auteurs ou les complices du faux. Et remarquez ici en passant, Messieurs, que la complicité dans notre législation a une latitude immense. On est complice quand on a participé aux faits qui ont servi à commettre le crime, ou à l'exécuter, ou à en développer l'exécution : en telle sorte qu'en pareille matière la publication d'une pièce fausse, fabriquée à l'effet de porter atteinte à l'honneur, à la dignité de quelqu'un, a le caractère de la participation au faux, de la consommation de l'œuvre entière ; en pareil cas le faux n'est complet dans la pensée de son auteur qu'autant qu'il est rendu public.

A quoi bon, en effet, un homme préparerait-il un écrit injurieux dans le silence de son cabinet, s'il n'y donne pas de publicité? La publicité, qui fait connaître l'écrit, c'est l'accomplissement du crime. L'éditeur de *la France* était donc poursuivi, soit comme auteur, soit comme complice. La chambre du conseil a écarté l'accusation du crime en laissant subsister la prévention du délit. L'éditeur de *la France* et son rédacteur ont été mis en liberté et renvoyés devant les assises sous la prévention du délit d'offense envers la personne du roi, déterminé par les lois de 1819 et 1830.

Il y a, messieurs, dans l'accusation d'offense, deux parties distinctes que la législation n'a pas suffisamment divisées, et que je dois placer sous vos yeux.

Un des numéros de *la France* renferme, dans un premier paragraphe, sous le titre de *Politique personnelle de Louis-Philippe, expliquée par lui-même*, des observations qui sont l'œuvre du rédacteur, et qu'il faut apprécier afin de voir si le délit d'offense résulte de ce préambule.

Vient ensuite la publication de plusieurs documens qui, d'après le ministère public, constituent le délit d'offense envers le chef de l'état, et qui résulte de ce que *la France* a publié des lettres que l'accusation déclare n'être pas l'ouvrage de Louis-Philippe.

Me BERRYER relit ici le préambule en question. Il fait remarquer qu'il est impossible d'y reconnaître aucun caractère du délit d'offense, ou même d'une intention offensante. Les termes en sont mesurés. Il est question de l'exercice du droit constitutionnel. Quand on y parle de la pensée intime du chef de l'état, on dit qu'elle est dirigée vers un but, celui de donner des garanties pour empêcher la guerre, et on ajoute que des pièces qu'on va publier résultera la facilité pour le *roi* de dissiper beaucoup d'inquiétudes. Le préambule ne fait pas même la censure de la politique qu'il désigne. Il est impossible de se servir de termes plus réservés et plus mesurés sur des questions qui depuis dix ans ont été si vivement agitées dans les chambres et dans les journaux. Là pensée immuable, le gouvernement personnel, tels sont assurément les deux points du débat qui, depuis dix ans, est agité dans le pays. Les ministères ont été renversés parce qu'on leur attribuait d'être les agens du gouvernement personnel, et de ne pas marcher dans la ligne purement parlementaire.

— 33 —

Ainsi donc, dans le préambule, le rédacteur dit que c'est imprudemment qu'on a engagé la question sur divers points :

« D'abord sur les traités de 1815 déclarés inviolables. »

C'est assurément là le sujet de la lutte la plus violente qui se soit engagée entre le ministère et l'opposition ; l'opposition demandant sans cesse qu'on relevât la France du fardeau de ces traités, et le ministère déclarant qu'il y avait engagement pris envers l'Europe. Cela est un fait notoire.

« Les fortifications de Paris comme moyen de contenir la capitale. »

La loi sur les fortifications est passée devant les deux chambres ; elle ne l'était pas alors. Mais vous vous rappelez de quelle manière la question des fortifications avait été comprise en 1833, du soulèvement, je puis le dire, qu'excita dans l'opinion publique cette idée d'environner Paris de forts détachés. Vous vous rappelez non seulement les réclamations des journaux, mais aussi les cris poussés sur la place publique et à la grande revue de la garde nationale, en juillet 1833, et cette réponse célèbre : « Mes amis, jamais de bastilles. » C'était là l'expression du sentiment public en 1833.

Il y a plus; et, en septembre 1840, un écrivain fort connu, qu'on ne peut considérer comme un ennemi de l'ordre de choses actuel, qui s'est constitué au contraire le défenseur le plus zélé du gouvernement personnel, M. Fonfrède, qui a tant écrit en faveur du ministère de M. Molé, s'exprimait librement sur les fortifications avant que la session fût ouverte ; et au moment où le ministère du 1er mars faisait paraître ces ordonnances qui disposaient d'une partie si importante de la fortune publique, et faisait commencer les travaux des fortifications, M. Fonfrède s'exprimait nettement sur le véritable but des fortifications de Paris, et certainement en termes beaucoup plus formels que ceux qui ont été employés par le rédacteur de la France. Il disait que les forts détachés étaient destinés à rallier les troupes en cas de défaite, *afin que le sort de la monarchie ne fût pas décidé en trois jours.* Selon M, Fonfrède, il ne s'agissait pas de bloquer Paris, mais d'intercepter les grandes routes par lesquelles arrivent les approvisionnemens de la capitale.

J'ajouterai que, dans une séance récente, un homme qui n'est pas non plus étranger au système de défense du gouvernement établi, M. Liadières, aide de-camp de Louis-Philippe, s'est moqué très spirituellement, trop spirituellement peut-être, des hommes de la gauche, en disant qu'ils étaient bien aveugles et bien peu conséquens avec eux-mêmes. « Vous n'avez pas voulu, leur disait-il, des forts détachés en 1833, et vous voulez aujourd'hui des forts détachés avec une enceinte continue. Il y a plus: par l'enceinte continue, vous avez ajouté des cachots aux bastilles. »

« L'engagement pris imprudemment peut-être d'abandonner Alger à l'Angleterre. »

Je ne veux pas ici faire de la politique et rentrer dans une discussion hors de saison ; mais il y a des documens solennels dans le monde, il y a la publication des discours prononcés par des hommes d'état, et j'en tiens un ici, émané d'un homme grave, d'un homme considérable, qui siégeait au cabinet britannique en 1830 à côté du duc de Wellington : c'est sir Robert Peel. Tout le monde connaît la gravité de son caractère, l'autorité de sa parole et dans quelle position politique il a été pour bien connaître les faits. Or, je trouve dans le *Times*, à la date du 17 mars 1834, dans le compte rendu des débats parlementaires :

« La France parle et agit comme si elle entendait conserver la position permanente d'Alger, CONTRAIREMENT A LA DÉCLARATION DE LOUIS-PHILIPPE. » (Vive sensation ; interruption.)

Or, vous comprenez que quand des documens solennels répandus dans le monde, quand la publication des discours prononcés par des hommes d'état révèlent de tels faits, il soit permis de dire que la politique de la France s'est imprudemment peut-être engagée dans un sys-

3

tème d'abandon de la colonie d'Alger. Il était permis de dire davantage sur la foi imposante des paroles de sir Robert Peel, et que je répète ici textuellement :

« La France parle et agit comme si elle entendait conserver la po · sition permanente d'Alger, *contrairement à la déclaration de Louis-Philippe.* »

« L'Alliance anglaise pour prix de cet abandon. »

Il est inutile de dire ici quels ont été les résultats de cette politique de la France trop imprudemment avancée dans l'alliance anglaise ; les faits qui se sont produits l'année dernière parlent, ce me semble, d'une manière assez éclatante.

Enfin « abandon de la Pologne. »

Vous savez, messieurs, quel a été le résultat de la politique suivie à l'égard de la Pologne. Vous vous rappelez et les paroles de M. Sébastiani et celles d'aujourd'hui qui en sont réduites aux regrets ; ces débats qui se renouvellent tous les ans pour faire insérer dans l'adresse quelques phrases qui témoignent de ces regrets. Vous savez que le commencement des malheurs de la Pologne date du commencement de la monarchie de juillet.

Voilà l'examen de la première partie du procès. Il s'agit dans la seconde de la publication des lettres, et ici, messieurs, pour vous mettre à même de rendre une décision équitable, conforme aux principes, je dois m'expliquer sur le caractère général de l'accusation quant au délit d'offenses résultant des faits mêmes de la publication.

Il y a quelque chose qui m'a paru rester vague dans le réquisitoire de M. l'avocat-général. Entend-il que la publication d'une pièce très incontestable ne peut être considérée comme une publication de laquelle pourrait résulter le délit d'offense ? Je le crois ; il m'a paru rendre hommage à cette vérité, qu'il n'y a pas offense à reproduire l'œuvre d'un autre, à publier ses propres lettres. Ainsi donc il est reconnu que la publication d'une pièce vraie ne peut constituer le délit d'offense par la voie de la publication.

Qu'avez-vous donc à examiner d'abord ? C'est la question de savoir s'il y a eu mauvaise foi dans la publication ; ensuite si cette publication est une invention du journal, ou si au contraire elle n'est pas la reproduction d'une pièce vraie ; si dans tous les cas le journaliste n'a pas agi de bonne foi.

Je m'arrête à ces mots. Je n'ai pas besoin de faire comprendre à des hommes de bonne foi que la justice ne peut avoir deux poids et deux mesures, deux ordres différens d'idées à l'aide desquelles pour tel homme ou tel autre on jugera diversement pour des faits parfaitement identiques.

Cinq journaux avaient été saisis avec la *France* et prévenus du même délit d'offense : c'étaient le *National*, le *Commerce*, l'*Echo*, la *Gazette de France* et la *Quotidienne*. Ces journaux ont été traduits devant la justice et la chambre du conseil en première instance. Ils avaient répété les lettres citées dans les mêmes termes : ils furent renvoyés. De là résulte la confirmation de ce que je vous disais tout-à-l'heure, que l'offense ne résulte pas de la publication seule ; qu'il faut nécessairement qu'il y ait ou invention, ou supposition, ou mauvaise foi dans la publication ; or, la chambre du conseil a jugé à l'égard de ces cinq journaux qu'ils avaient pu être trompés, et qu'à leur égard la mauvaise foi n'existait pas.

C'est donc une question de bonne foi qui a protégé cinq journalistes, et je maintiens qu'en admettant même qu'il n'y eût à invoquer en leur faveur que la bonne foi, cette bonne foi devait les protéger tous, qu'elle doit protéger la *France* comme elle a protégé les cinq autres devant la chambre du conseil.

Ces principes posés, entrons dans l'examen des faits. M. l'avocat-général vient de vous lire ce qu'il appelle un document ; c'est une déclaration faite à Londres par la Contemporaine. Je vous déclare, messieurs, que je ne vous en aurais pas parlé. Comment imaginer en effet qu'on aurait été se cacher derrière une déclaration de la Contemporaine? Je l'avais lue tout entière dans le *Sun*, où elle a figuré le 16 de ce mois. Il paraît qu'il en a été fait une traduction; par qui? Je ne le sais. Elle a été imprimée : je ne sais encore qui a pris soin de l'impression et de la distribution en France de cet imprimé. Mais ce que je sais très bien, moi, c'est que je ne comptais pas en faire usage, et que le ministère public paraissait en avoir grand besoin pour essayer de justifier à vos yeux la gravité des faits. Aussi vous avez entendu dans quels termes il vous a parlé de cette femme, qui cependant, il faut le dire en passant, paraît recevoir des lettres de graves personnages, et même de M. le comte de Saint Aulaire lui même.

Qui donc a fait imprimer cette traduction? je l'ignore. Qui en parle? c'est le ministère public. Laissons donc de côté, après ces simples réflexions, la déclaration de la Contemporaine. (Mouvement.)

Vous avez pu, messieurs, voir un fait grave à côté de l'arrêt de la cour qui a mis hors de prévention les cinq journalistes : c'est que ces lettres sont connues dans le monde, c'est que plusieurs grands personnages les ont reçues, qu'elles ont été publiées dans un journal de Londres en 1855 et 1859. Pour vous prouver ce fait de publication antérieur, nous nous sommes armés de pièces. Voici le journal en question, le *Portefeuille français*, imprimé à Londres. Il contient quarante et quelques lettres prises, dit-on, chez M. de Talleyrand; il contient en outre des lettres du duc d'Orléans à M. d'Entraigues pendant l'émigration. Voici le certificat de l'imprimeur, constatant que ce journal a été publié à Londres en 1859. Je rapporte les certificats de l'autorité anglaise légalisés par M. Cooper, l'un des aldermen de Londres, et visés par le consul-général de France en Angleterre. Voici donc la preuve de la publication dès 1859.

Ici une première question : un journal paraît à Londres; il contient des lettres attribuées au duc d'Orléans et au roi des Français. Ce journal est répandu avec une grande profusion, non-seulement sous la forme d'un journal, mais d'un album où toutes les pièces imprimées ont été autographiées, où, pour garantie de leur authenticité, on en a fait des *fac-simile*. On vend à Londres 162 lettres et pièces émanées de la main du duc d'Orléans; c'est ainsi qu'elles sont annoncées. Ainsi il y a deux sortes de publications faites par l'impression et en forme de *fac simile*. Ces *fac simile* les voici, car nous les sommes procurés : Ce sont des publications bien solennelles sur lesquelles l'ambassadeur de France a eu les yeux ouverts, à propos desquelles il a nécessairement reçu quelques avertissemens.....

M. L'AVOCAT-GÉNÉRAL. Voulez-vous me les faire passer?

Mᵉ BERRYER, lui envoyant les pièces. Bien volontiers. Ce sont les *fac simile*; ce ne sont pas encore les lettres originales. (On rit.)

Comment donc se résoudra la question? Voici des pièces historiques qui sont, dit-on, émanées d'un personnage politique. De telles pièces sont publiées, voient le jour sous les yeux d'un ambassadeur de France à Londres. Cet ambassadeur, résidant près d'une nation amie, que va-t-il faire si ces lettres sont fausses, sont injurieuses pour son souverain? Il va certainement se plaindre; il va demander justice et réparation. Dira-t-on qu'il n'en a pas le droit? Cela n'est pas soutenable, et je tiens à cet égard entre les mains un document bien précieux pour la cause.

Il existait à Londres, en 1805, un Français nommé Peltier, qui avait quitté la France au moment de la première révolution. Peltier, émigré à Londres, y faisait des journaux; il publiait aussi des brochures contre le premier consul. C'était au moment de la paix. Le premier consul se regarda comme indignement outragé par les publications de Peltier. En conséquence il donna ordre à son ambassadeur de rendre plainte contre Peltier, et voici le compte-rendu du procès qui lui fut fait:

Voici, en peu de mots, l'analyse des imputations dirigées par Peltier contre le premier consul :

« Est-ce donc pour couronner un traître que la France a banni ses rois?.... Il envoie les Français périr à Cayenne..... Pourquoi marche-t-il escorté de tant de gardes? C'est que la fortune ne se plaît pas toujours à seconder en tous lieux les grands criminels..... Marchez donc, agissez, citoyens ; ne comptez que sur vous-mêmes si vous voulez le renverser......., à moins que vous ayez la stupidité de croire qu'il abdiquera..... » (Mouvement prolongé.)

Voilà, jugez-en par de simples indications, quelle était la gravité des offenses sorties de la bouche de Peltier. Il fut traduit en jugement à la demande de l'ambassadeur français, et voici quel fut la déclaration du jury. Sans même prendre la peine de rentrer dans la chambre de ses délibérations, il rendit un verdict de culpabilité.

Ainsi donc, vous le voyez, et c'est ici le droit commun de toutes les nations, on ne tolère pas en Angleterre que, par des publications mensongères, fausses, injurieuses, un souverain soit livré sous son propre nom au mépris public ; et l'ambassadeur du roi des Français pouvait, comme l'ambassadeur du premier consul, faire saisir les publications faites en 1835 et en 1839, et les dénoncer comme fausses et injurieuses. Et songez y bien, messieurs, il s'agissait de faux, et pour le faux, en Angleterre, c'est *la peine de mort.* Ainsi donc, l'ambassadeur do France avait entre ses mains une arme terrible dont il pouvait se servir ; mais on n'a rien fait, on a gardé le silence, et voilà dans quel état la question fut livrée à la polémique des partis.

Oui, messieurs, des partis, et c'est un grand bonheur qu'il y ait des partis dans un pays. Sous la république il s'est trouvé des hommes de cœur et de conscience qui ont cru que ce principe était bon pour assurer au pays ses libertés, son indépendance et sa juste influence sur l'Europe. C'étaient des hommes de cœur et de conscience qui ont cru que la république pouvait atteindre ce but, et qu'elle était nécessaire à la France. Ces hommes de cœur et de conscience, que seraient-ils à vos yeux, si par suite des événemens ils abandonnaient leur foi politique, non pour l'honneur du pays, mais pour qu'il soit vrai de dire qu'on ne doit avoir de principes que selon le gouvernement du pays? Il faut donc reconnaître qu'il y a eu des hommes d'honneur et de conscience parmi les partisans de la république, comme il y en a eu parmi les partisans de l'empire, parmi ceux qui croyaient que la gloire des armes était le seul mobile de la considération de la France à l'étranger, et le seul ga e de sa grandeur et de sa sécurité à l'intérieur. Reconnaissez donc aussi qu'il y a des hommes d'honneur et de conscience parmi ceux qui pensent que le seul gage de l'honneur et de la dignité du pays réside dans l'ordre invariable de la transmission de la souveraineté, que c'est la la seule garantie puissante des principes des personnes, des propriétés et des libertés publiques. Il faut donc des partis dans un pays. C'est l'honneur du pays qui veut qu'il en soit ainsi. (Sensation très vive.)

Je dis donc que l'ambassadeur du roi des Français pouvait faire comme l'ambassadeur du premier consul, faire comme lui, saisir ces publications, ces pièces prétendues fausses ces calomnies, ces mensonges. L'auteur de ces publications aurait été condamné. On n'a pas poursuivi, et je dis que ce silence du gouvernement, de son ambassadeur, qui, surtout vis-à-vis de l'étranger, est placé dans une condition de juste et irritable susceptibilité, qui ne doit jamais permettre qu'il soit dit un mot offensant à l'égard de son souverain sans en obtenir la réparation, qui dans l'espèce était placé en présence d'une législation qui condamne le faussaire à la peine capitale, qui, ainsi que le disaient les anciens, doit toujours être représenté comme ayant la dague au poing, je dis que le silence de l'ambassadeur est inexplicable.

Et qu'aura donc dit notre ambassadeur? aura-t-il dit : Je n'ai pas à

lue soucier de cela; je ne suis pas ambassadeur pour me mêler de pareilles affaires. Non, il n'a pas dit cela, et quel est l'écrivain français qui
aurait pu croire qu'il se fût à ce point montré indifférent à ce qui tou-
chait de si près à l'honneur et à la dignité du chef de l'état?

L'écrivain, voyant que l'ambassadeur gardait le silence, a dû nécessairement se dire : Si les publications en question n'ont pas été poursuivies, c'est qu'on les regardait comme vraies, c'est qu'on n'a pas pu les
déclarer fausses.De quelque manière donc que les pièces soient arrivées
à la connaissance de ceux qui les ont publiées, la vérité de ces pièces,
aux yeux de l'écrivain français, est résulté du silence de l'ambassadeur.
L'ambassadeur, à ses yeux, se serait rendu coupable de trahison si,
voyant offenser son maître, et pouvant faire condamner le faussaire, il
avait gardé le silence.

Au commencement de cette session, qui n'est pas encore close, de
grands débats ont porté bien haut. On a dit que le système tendait à sa-
crifier partout la France à l'Angleterre, que la France était dépossédée
de ce qui faisait sa force autour d'elle, que ses amitiés naturelles étaient
rompues, qu'il y avait une prédilection pour l'Angleterre dans la mar-
che du cabinet, dans ce qu'on pouvait appeler la politique permanente
suivie depuis dix ans. C'est alors que la *Gazette* a publié les lettres
écrites par M. le duc d'Orléans,de 1808 à 1809, pendant l'émigration.Ces
lettres faisaient partie de la publication faite en 1835 en Angleterre.

Dans un pays où on attribue à l'auteur présumé de ces lettres des
sentimens tout français d'une fidélité inviolable au drapeau tricolore, la
publication faite par la *Gazette* était une chose sérieuse. Si cette publication était fausse, c'était la chose la plus injurieuse du monde. Je suis
bien obligé, pour vous faire apprécier le caractère des publications
faites par la *Gazette*, de faire ici ce que je viens de faire pour la publication faite à Londres, et de vous dire que ces publications, couvertes
à Londres par le silence de l'ambassadeur, ont été également couvertes
à Paris par le silence du ministère public, qui n'a pas cru devoir poursuivre. Voyons quels étaient les termes de la publication de la *Gazette*.
Assurément je ne veux pas vous lire en entier ces lettres,dont une seule
ne fait pas moins de 16 pages in-4°. Je ne vous en lirai que quelques
passages :

« .... Mon Carricle m'attend sur la route de Hampton-Court, et je
dois y être rassis au mois de juin, parce que sans cela je perds, au mois
de juin, et *mon traitement et la protection de l'Angleterre*, que je ne suis
nullement *disposé à abandonner.....* »

« .... Il parait que Soult se trouve dans une situation fâcheuse, et
qu'il est pressé par la Romana et le général Craddock. *J'espère qu'ils
vont être écrasés en Espagne......* » (Mouvement.)

« *La responsabilité n'est à craindre que quand on ne réussit pas.* »

« Il y a en Espagne des armées françaises qui vont se trouver, je
l'espère du moins, dans des positions désastreusss. »

« .... Quand je sens, quand je vois, que je touche au doigt et à
l'œil, tout ce que je pourrais faire, si on s'entendait avec moi, et si on
n'avait pas l'air de vouloir toujours me tenir sous clé à Hampton-Court,
ou à Twickenham, ma position bizarre présente, il me semble, quelques
avantages que je puis m'exagérer, mais dont il me semble qu'on pourrait tirer parti, qui est tout ce que je demande. Je suis prince français,
et cependant *je suis Anglais*; d'abord par besoin, parce que nul ne sait
mieux que moi que l'Angleterre est la seule puissance qui veuille et
qui puisse me protéger; je le suis par principes, par opinion et par
toutes mes habitudes, et cependant je ne suis pas un Anglais aux yeux
des étrangers; qand ils m'écoutent, ce n'est pas avec la même préven-

tion que quand ils écoutent ce qui leur est dit par un ministre et par un général anglais. Je pourrais donc dans beaucoup de cas établir cette conciliation et cette bonne intelligence, dont le défaut a si souvent entravé et même fait avorter les entreprises du gouvernement anglais. »

Je dis qu'en publiant de telles lettres, la *Gazette* a publié des choses qui devaient être offensantes au dernier point pour l'auteur désigné de ces lettres, surtout à raison du caractère qu'on lui attribue, eu égard à la part qu'il a prise dans la politique du temps. Cependant, vous le savez, le ministère public a gardé un silence absolu.

Est arrivée la discussion de la loi sur les fortifications. C'était une grande affaire, comme vous savez, et le journal la *France* publia l'article qui vous est déféré, et à la suite du paragraphe que je vous ai lu, elle inséra trois notes, l'une sur Alger, l'autre sur la Pologne et l'autre sur les forts détachés. Il ne se livra à aucune discussion, et n'exprima même pas d'opinion sur une politique signalée tant de fois par tant de monde qu'il est inutile de s'excuser d'avoir reproduit des idées développées depuis dix ans dans les débats incessans de la polémique. Je ne vous en parlerai donc plus, je ne vous rappellerai plus les paroles si significatives de sir Robert Peel et les publications plus récemment faites par M. Sarrans : je ne veux pas, encore une fois, entrer dans l'appréciation de cette politique ; mais voyons ce que cela fait à la cause, et s'il y a là lieu d'admettre un soupçon, un simple soupçon de mauvaise foi.

Je dis que la bonne foi de la *France* est déjà établie dans la cause par deux points dominans : parce que d'abord les lettres publiées à l'étranger, imprimées et reproduites en *fac simile* sous les yeux de l'ambassadeur, n'ont pas été poursuivies, parce qu'ensuite dans ces mêmes publications et *fac simile* qui n'ont pas été poursuivis à l'étranger, la *Gazette de France* a extrait trois lettres offensantes qui n'ont pas été poursuivies en France par le ministère public. Lors donc que ces publications, soit en Angleterre de la part de notre ambassadeur, soit en France de la part du ministère public, n'ont été suivies d'aucune poursuite, ni même d'aucune protestation, d'aucun acte quelconque de démenti contre la sincérité de ces lettres, je dis que c'est là une preuve évidente de bonne foi de la part de celui qui a cru pouvoir reproduire de semblables lettres.

Allons plus avant maintenant, et disons toute la vérité. Il a été fait une instruction pour crime de faux, c'était là le titre de l'accusation. La question devint alors grave ; elle était ainsi posée : Y a-t-il eu faux ? Les pièces originales existent-elles ? Vous n'avez jamais pu le croire, vous disait tout-à-l'heure M. l'avocat-général, on ne commet pas de telles imprudences. Quand on veut communiquer de telles pensées, on ne les écrit pas, on les communique directement à celui qui doit les entendre. Je réponds, moi, que tous les jours un roi écrit à son ambassadeur, qu'il n'y a pas de tiers interposé entre lui et celui qui reçoit la confidence de ses pensées. De telles lettres sont remises à des mains sûres. Il n'y a donc rien d'absurde à supposer que de telles lettres aient pu être écrites à M. de Talleyrand.

Mais, dit le ministère public, d'où tenez-vous ces lettres ? Elles vous viennent de la main d'une femme dont la vie s'est passée dans la honte et l'opprobre. Mais oubliez-vous donc qu'il y a une autre personne que l'auteur, quel qu'il soit, de cette publication qui les a vues ces lettres ? J'ai là une déposition qui mérite assurément toute confiance, car à quelque parti qu'on appartienne, le témoin dont je parle porte un nom qui assurément et à bon droit peut se dire en France honoré de ses amis et de ses ennemis. C'est celui d'un homme qui, aux yeux même de ceux qui l'ont combattu, est un homme de cœur et d'honneur, qui appartient à une famille dont le sang est noblement français. Or, voici ce que déclare M. le marquis de Larochejaquelein. Il s'exprime en ces termes :

« Je me nomme Henri-Auguste, marquis de Larochejaquelein, propriétaire, demeurant ordinairement à Orléans, aujourd'hui à Paris, rue Thérèse. Je fais serment de ne rien dire que la vérité ; mais je ne puis faire celui de dire tout ce que je sais, forcé que je suis à une réserve dont je ne dois pas m'écarter,

Puis il prête serment...

M. L'AVOCAT-GÉNÉRAL. C'est un serment incomplet ; cela ressort des réserves mêmes de M. de Larochejaquelein.

Mᵉ BERRYER. Je ne vous l'ai pas dissimulé, je pense... Ne m'interrompez donc pas.

M. L'AVOCAT-GÉNÉRAL. Ce n'est pas là un serment légal.

Mᵉ BERRYER. C'est le serment de ne dire que la vérité. Au surplus, soyez tranquille, nous en dirons davantage. Le juge l'interroge.

« D. Avez-vous vu, ou eu en votre possession, des lettres ou des extraits de lettres publiées par le journal la *France* ?

« R. Je suis obligé de me reporter aux lettres de la *Gazette de France*. J'ai eu momentanément en ma possession, et comme simple objet de curiosité, les lettres dont les fragmens ont été publiés par ce journal. Ces lettres ont passé dans mes mains comme dans celles de beaucoup d'autres. Je ne connaissais pas l'écriture de Louis–Philippe ; j'ai montré ces lettres à des personnes qui lui sont dévouées et qui connaissaient parfaitement son écriture : Ces personnes m'affirmèrent l'authenticité incontestable des documens que je leur donnais en communication. Je dois même dire qu'un personnage qui, de tout temps, a donné et donne encore à Louis–Philippe des preuves d'un dévouement sans bornes, fondit en larmes à leur lecture, et me confirma ainsi dans cette pensée qu'on ne pouvait élever le moindre doute sur l'authenticité des lettres. Je rendis ensuite ces lettres, qui furent publiées par la *Gazette*. Je dois ajouter qu'elles ne contenaient ni surcharges ni interpolations de la nature de celles dont parlent les journaux du gouvernement.

« Pendant le temps que j'eus en ma possession ces lettres incontestables, je les examinai attentivement. Je vis et j'examinai avec la même attention la lettre sur les forts détachés publiée plus tard par la *France*. Elle me parut parfaitement semblable à toutes les précédentes. Je n'ai pas vu les deux autres ; mais comme je ne me suis jamais occupé d'écritures, je me procurai de l'écriture de Louis–Philippe, et je la donnai à quelqu'un qui voulut la comparer avec la lettre en question. Cette personne reconnut entre la lettre sur les forts détachés et la pièce de comparaison une identité parfaite. »

Ainsi vous le voyez, Messieurs les jurés, ce n'est pas sur la foi d'une femme perdue de mœurs que la *France* a cru à la sincérité de ces lettres. C'est sur celle d'un Français, d'un homme d'honneur.

C'est sur la foi aussi d'un homme attaché, dévoué au gouvernement actuel qui, en voyant ces lettres et en en reconnaissant l'authenticité, n'a pu, dans son dévouement, s'empêcher de verser des larmes.

Ainsi donc voici déjà trois choses et trois choses immenses. La publication faite en Angleterre et non attaquée par le gouvernement ; la publication faite en France et non attaquée par le ministère public ; la parole d'honneur de M. Henri de Larochejaquelein qui a vu les lettres, qui les a communiquées à des hommes attachés au gouvernement, qui après examen attentif ont parfaitement reconnu l'écriture de Louis–Philippe.

Maintenant que vont devenir ces lettres ? Je vais vous le dire et vous le dire sincèrement. Une instruction en faux a eu lieu à Paris, vous savez comment elle s'est terminée ; mais cette instruction interrompue à Paris peut être continuée à Londres. La personne qui y a fait ces publications dont je vous ai parlé peut être poursuivie. Si elle n'a pas là de preuves à rapporter, si elle ne peut produire les lettres originales, tranchons le mot, elle sera *pendue* ; la loi anglaise prononce la peine de mort pour le crime de faux. Vous concevez que, dans cette circonstance, la personne en question ne veut pour rien au monde remettre

— 40 —

les trois lettres que M. de Larochejaquelein a vues et qu'il a fait véri-
fier. « Non, dit-elle, je ne puis vous remettre ces trois lettres, je ne
puis m'en dessaisir. L'ambassadeur de France peut en Angleterre faire
continuer contre moi les poursuites pour crime de faux ; sans mes pièces justificatives je serais pendue. » Voilà pourquoi elle ne veut pas
s'en dessaisir. (Long mouvement.)

Quant aux autres lettres originales du duc d'Orléans, lettres publiées par la *Gazette*, et non poursuivies, on nous les a remises. Les
voici en original, entendez-le bien, écrites en 1808 et 1809, sur du papier de ce temps-là, entendez-le bien encore, portant dans sa pâte,
dans le filigrane, la date de 1808 et 1809. Elles sont écrites de la
main du duc d'Orléans.

M. L'AVOCAT-GÉNÉRAL. Que vous prétendez être de la main... .

Mᵉ BERRYER vivement. Encore une fois, Monsieur, ne m'interrompez
pas, je vous prie. Les voilà ces lettres où sont ces phrases effrayantes
et ces maximes d'état parmi lesquelles je recommande à votre attention
celle-ci : « *La responsabilité n'est quelque chose que quand on ne réussit
pas.* » Les voilà ! (Très vive et très profonde sensation.)

D'où viennent-elles ? elles viennent de la même personne, du même
dépôt, de la même publication. Ces lettres, elles ont contraint au silence et notre ambassadeur à Londres et le ministère public en France.
La personne qui les a remises a remis toutes celles pour lesquelles
elle ne craint pas de poursuites ; mais quant à celles à l'occasion desquelles elle craint une poursuite en faux, elle ne veut pas s'en dessaisir. Elle veut conserver par devers elle une justification infaillible
contre la potence dont elle est menacée.

Voilà la vérité des faits ; il a été impossible d'obtenir les dernières
lettres émanées de la même personne, livrées à la publicité par le
même individu. Voilà ces lettres toutes semblables, vous le savez, à
celles que nous ne pouvons vous produire ; voilà ces lettres originales,
portant dans le filigrane du papier la preuve qu'elles ont été écrites
en 1808 et en 1809 ; les voilà, je vous les livre. Voyons si vous voudrez
baser sur elles une accusation de faux. Vous dites que la *France* a publié des pièces fausses, commencez donc par démontrer que celles-ci
sont fausses, car vous ne pouvez les désunir, vous ne pouvez séparer
les unes des autres, car on vous a dit qu'elles étaient identiques. Elles
ont été reconnues telles par des hommes dévoués au gouvernement.
Je vous les livre, nous répondons de leur publication. (Vifs applau-
dissemens.)

M. LE PRÉSIDENT. J'ai déjà fait observer à l'auditoire que ces manifestations étaient contraires à la loi et au respect dû aux magistrats.
C'est une grave infraction à l'ordre ; si elle se renouvelait, je ferais sortir l'audiencce tout entière.

UN JURÉ. Je demande à voir les lettres.

Mᵉ BERRYER. Je les fais, à cet effet, passer à M. le président.

J'arrive maintenant aux observations qui vont compléter la démon-
stration de bonne foi et de probité à laquelle M. l'avocat général faisait
tout à l'heure une invocation.

Vous savez, Messieurs les jurés, comment ces lettres ont vu le
jour, comment elles ont été produites par la publication ; vous savez
quel silence a été gardé et sous quelle protection le gouvernement
français s'était mis à couvert. Vous savez qu'un homme d'honneur a ga-
ranti par serment l'authenticité de ces lettres avant que la publication
en ait été faite par le journal la *France*. Enfin vous avez vu que ces lettres, sur lesquelles il n'y avait pas eu de prévention de faux, nous les
produisons en justice.

Maintenant, comment sont-elles venues en la possession de quelqu'un ? M. d'Entraigues les a-t-il laissées en mourant ? Les a-t-on dé-
tournées du cabinet de M. de Talleyrand ? C'est ce que l'instruction pouvait savoir : c'est, messieurs, ce qu'elle n'a pas voulu savoir. (Mouve-

ment.) On a arrêté la procédure au moment où on était sur la voie. Voici à ce su et les déclarations de témoins reçues dans cette instruction qu'on a commencée et abandonnée.

Le sieur Colmache dépose :

« J'ai été secrétaire de M. de Talleyrand depuis 1827 jusqu'en mai 1838 ; jamais je n'ai eu en ma possession ses papiers importans. M. de Talleyrand, depuis la fin de 1830, époque à laquelle il est rentré aux affaires, les tenait dans le tiroir de son bureau, dont il gardait la clé attachée à la chaîne de sa montre. Jamais je n'ai entendu dire qu'il ait communiqué à personne des lettres importantes ; cependant à la fin de 1832, M. de Talleyrand soupçonna qu'un homme de sa maison avait cherché à ouvrir le tiroir de son bureau. On n'eut aucune preuve ; néanmoins cet homme fut renvoyé »

Qu'est devenu cet homme ? Messieurs, je n'en sais rien ; ce que je sais, c'est qu'on ne l'a pas cherché.

Une femme a été arrêtée dans la même instruction, et voici son interrogatoire :

« J'ai été élevée chez M. le prince de Talleyrand. Il y a long-temps qu'une personne de cette maison me dit qu'elle éprouvait un grand besoin d'argent, et que si on lui en donnait elle livrerait des lettres fort importantes. J'acceptai, et elle me livra soixante-trois lettres pour lesquelles je ne donnai pas précisément de l'argent, mais elle m'en devait en ce moment, et elle m'en emprunta depuis. Ces lettres ont depuis été gaspillées ; elles ne sont pas restées en ma possession. »

Voilà, vous le voyez, Messieurs, un fait fort mal énoncé. Voilà une instruction laissée à moitié. Quel était cet homme soupçonné d'avoir la main dans le secrétaire de M. de Talleyrand ? Quelle était cette femme qui a livré les lettres pour avoir de l'argent ? Ce sont là deux faits bien positifs dont on aurait pu bien facilement avoir la vérification ; mais on s'est arrêté ; on a abandonné l'instruction de faux, et nous arrivons ici pour un simple délit d'offenses. (Mouvement.)

On vous a dit, à propos de ce délit, qu'il n'y avait rien de plus offensant que ce qu'a publié *la France*. Moi, je vous dis que si elle l'a publié de bonne foi, elle doit être mise hors de cause. Or, il y a eu bonne foi de la part de *la France* quand, demandant les originaux des lettres qu'elle a publiées à ceux qui en étaient dépositaires, ceux-ci ont répondu : Nous voulons bien vous livrer, vous abandonner les lettres à l'occasion desquelles il n'y a pas eu de poursuites ; mais quand à celles qui ont donné lieu à une instruction de faux, nous ne pouvons pas nous en désarmer.

En reprenant donc pour notre compte l'aide desquels M. l'avocat-général, en commençant son réquisitoire, cherchait à captiver votre attention, je vous dirai qu'il s'agit ici d'un procès de simple probité, qu'il est impossible pour un homme probe de ne pas reconnaître qu'il y a eu au moins bonne foi dans la publication faite dans de telles circonstances de documens pareils, déjà publiés antérieurement ; que cette publication ne peut être regardée comme une invention du journaliste de Paris, comme une supposition dont le journaliste de Paris se serait rendu coupable par un mouvement de haine politique. La bonne foi résulte de la publication de documens déjà connus, publiés sans avoir été poursuivis ou même démentis. Les circonstances qui prouvaient cette bonne foi ont déjà été accueillies en faveur de cinq journaux. La bonne foi peut aussi être invoquée en faveur de *la France* dans toutes ces circonstances que j'ai sincèrement exposées devant le jury. Vous le reconnaîtrez dans votre déclaration en déclarant son gérant non coupable. (Vive sensation.)

M. L'AVOCAT-GÉNÉRAL, se levant brusquement. Messieurs les jurés, si jamais le ministère public s'est trouvé dans la nécessité de répondre sur-le-champ à un défenseur, c'est assurément aujourd'hui ; car, témoin dans ce combat, vous l'avez vu, nous n'avons été prévenus de rien.

Le ministère public dit qu'il n'ignorait pas la publication du *Porte-feuille français*, mais à Londres seulement; on n'avait pas besoin d'un certificat pour attester l'existence de cet écrit. On a parlé d'une poursuite en faux qui n'aurait pas été faite. Est-ce qu'on pouvait poursuivre sur une simple impression, sans avoir en sa possession des originaux?

Le ministère public rappelle que d'ailleurs les lettres de la *Gazette de France* datent de 1808, époque de l'émigration de Louis-Philippe, et il s'étonne de l'argument que M. Berryer a tiré de la publication de ces lettres en faveur de la *France*. Nous n'avons, dit-il, rien à répondre à cet argument, et puis on n'échappe pas à une poursuite en disant qu'un autre n'a pas été poursuivi. Au surplus, il y a une raison qui saute aux yeux de tout le monde. Qu'est-ce donc que le roi? La personne qui a été élue en 1830, voilà le roi de la nation; mais quant à l'homme qui, à une certaine époque, n'était pas roi, nous n'avons pas à nous en occuper; nous n'avons mission que de défendre le roi des Français; c'est contre la calomnie dirigée contre sa personne que nous lui prêtons ici notre organe. Quant à ce qui regarde une autre époque, *nous savons ce que ce prince lui-même pense de ce passé qu'on lui oppose aujourd'hui.* (Mouvement de surprise dans l'auditoire.)

Un nom a été prononcé, et nous sommes heureux d'entendre prononcer, au milieu de ces noms déplorables, un nom pur, un nom illustre, un nom que nous ne demandons pas mieux que d'honorer, c'est le nom de M. le marquis de Larochejaquelein. Nous aurions pu nous opposer à ce qu'on rapportât ici sa déclaration, mais nous ne l'avons pas voulu; toutefois, nous ferons observer que M. de Larochejaquelein n'a pas voulu prêter le serment légal, le serment de dire toute la vérité, mais seulement le serment de ne dire rien que la vérité. Eh bien! Messieurs, nous nous emparons de sa déclaration, et nous dirons qu'elle est une dénégation complète du système de défense de la *France*. On a dit que M. de Larochejaquelein avait vu les originaux. Nous soutenons qu'il ne les a pas vus. Il a vu, il est vrai, les originaux des lettres de la *Gazette de France;* quant à ceux de la *France*, il déclare qu'il n'a vu qu'une seule lettre, celle qui parle des forts détachés, et cela sans dire si c'est un original ou un *fac simile*, et les termes de sa déclaration sont conçus de telle sorte qu'il est impossible de croire qu'il ait confondu l'original avec le *fac simile*. Dans tous les cas, il a déclaré avec loyauté qu'il n'était pas expert et qu'il n'affirmait pas sur parole la sincérité des pièces.

Le ministère public termine en insistant de nouveau sur la condamnation de la *France*.

Me BERRYER (Profond silence.) J'ai peu de mots à répondre au ministère public; et d'abord, quant au reproche que je dois qualifier d'étrange d'avoir manqué de loyauté, qu'est-ce donc que ce débat engagé devant le jury? S'agit-il donc d'une transaction, d'une convention où l'honneur réciproque des partis soit engagé par l'obligation de communications confidentielles comme dans un procès devant des arbitres? Si je voulais me renfermer ici dans les rigueurs du droit, je dirais que les principes en matière criminelle sont qu'un accusé n'est jamais obligé de parler, de rien justifier, qu'il a la faculté d'attendre les preuves apportées contre lui. J'ai le droit de dire ici : il n'y a point de preuves, vous n'en administrez aucune à l'appui de vos soupçons : jusqu'à ce que vous apportiez vos preuves, l'accusé peut tout nier, il peut vous refuser les siennes, il peut se renfermer dans une dénégation absolue; c'est à vous, organe du ministère public, de faire preuve contre lui. Voilà la vérité du droit, et en présence de cette vérité, comment ose-t-on nous faire un reproche de manquer de loyauté?

Eh quoi! c'est au nom du ministère public qu'on vient dire : Nous ne savions pas que ces publications avaient été faites à Paris en 35, 38 et 39. Mais ces *fac simile* ont été envoyés à tout le monde; vos amis les ont vus, ils ont été déposés à leurs hôtels, tous les personnages politiques

— 43 —

en ont reçu, et pour ma part, je le déclare ici sur l'honneur, il m'en a été adressé un exemplaire en 1836 par la poste ; qui me l'a envoyé, je l'ignore, mais je l'ai reçu ; et le ministère public et le gouvernement français ignoraient l'existence de ces publications faites en 1835, renouvelées en 1838 et en 1839 ! vous ne l'ignoriez pas : les *fac simile*, les imprimés avaient circulé dans Paris. Ce que vous aviez lu et ce que vous aviez caché, c'est qu'il y avait eu la même publication faite en pays étranger et non poursuivie par vous.

Quant aux originaux déposés à l'audience, vous saviez qu'ils avaient déjà été produits en justice dans le huis-clos d'un procès en diffamation, qu'ils avaient été même déposés sur le bureau de l'avocat du *Messager*. Celui-ci n'eut d'autre ressource que de dire qu'elles étaient fausses. Eh bien les voilà ces lettres ; prouvez-nous qu'elles sont fausses, a-t-on dit alors. Qu'avez-vous fait ? Vous avez détourné le visage, et vous n'avez pas voulu vous en emparer. (Longue sensation.)

Vous connaissez donc la scène qui s'était passée devant les magistrats de première instance lors du procès intenté au *Messager* par la *Gazette de France*. Il n'y avait donc rien qui ne fût connu de vous. Je ne pouvais donc pas m'attendre que dans cette position de loyauté dans laquelle vous avez invité le défenseur à se placer, vous pourriez parler de preuves que vous demandiez, et que vous avez dédaignées quand elles vous ont été offertes.

Je ne supposais pas que vous viendriez dire à un avocat qui se respecte lui-même et qui a traversé, j'ose le dire, honorablement sa carrière, qu'il viendrait sciemment déshonorer sa profession en se faisant l'avocat d'un faussaire. Non, telle n'est pas notre mission. Vous n'êtes pas le complice du bourreau quand vous poursuivez un parricide ou un meurtrier, comme l'avocat n'est pas le complice de l'assassin ou du faussaire. L'avocat se présente devant le jury pour lui soumettre avec loyauté les faits justificatifs de l'accusation portée contre son client, et en sortant de cette enceinte, le défenseur doit pouvoir se dire qu'il a défendu une cause juste, comme le juré doit se dire à lui-même qu'il a prononcé sans haine et sans crainte, sans céder aux passions ou aux inimitiés politiques.

Je vous ai dit surtout, MM. les jurés, que la publication en question pouvait être couverte par une excuse complète de bonne foi. Je vous ai montré quelles circonstances faisaient ressortir cette bonne foi en faveur de *la France*. Je vous ai fait remarquer qu'à l'occasion de ces publications, qui remontent à 1835, on n'avait pas voulu faire de procès à la Contemporaine, comme on en a fait un, dans le temps, à Peltier, par les ordres du premier consul.

A cette époque on ne manquait pas de dire que Peltier était le dernier des hommes, le plus misérable des folliculaires, qui vendait sa plume à qui voulait l'acheter. Je ne sais enfin quelles injures n'ont pas été accumulées contre lui. Le premier consul cependant n'a pas cru qu'il n'était pas de son honneur de se défendre contre ce folliculaire. Il l'a fait attaquer. Peltier s'est défendu, et il a perdu sa cause. Je vous ai dit qu'à cette époque on était en paix avec l'Angleterre comme on était en paix avec l'Angleterre en 1835, 1838 et en 1839.

J'ajouterai qu'en France nous avons vu de pareils exemples. En 1823, par exemple, je fus appelé contre l'ambassadeur d'Espagne pour plaider en faveur d'un homme qui avait publié en France un écrit dans lequel on avait vu une offense contre les cortès. Ainsi l'ambassadeur du roi des Espagnes et des Indes ne crut pas compromettre sa dignité et celle de son souverain en venant à la 6e chambre soutenir un procès à l'occasion d'un écrit publié.

Voudrait-on de nos jours contester le droit d'intervention d'un ambassadeur dans les choses qui peuvent porter atteinte au souverain qu'il représente ? Mais il y a quelques jours l'ambassadeur d'Angleterre a bien su empêcher la représentation de la pièce *Il était une fois un Roi et une*

Reine, dans laquelle il supposait que devaient se trouver des allusions sur la reine d'Angleterre et son mari. L'ambassadeur est intervenu. La pièce était affichée, la représentation allait avoir lieu, dans deux heures; cependant la pièce ne fut pas jouée, et la salle fut fermée. L'ambassadeur d'Angleterre ne croyait donc pas manquer à sa dignité en intervenant soit dans les bureaux de censure, soit devant les tribunaux pour empêcher la publication d un ouvrage dirigé contre le souverain qu'il représente. (Vive sensation.)

C'est aussi ce qu'a fait Bonaparte, quand il était à la tête du gouvernement; c'est ce que vous auriez pu faire, je dis plus, c'est ce que vous pouvez faire aujourd'hui. Aujourd'hui vous pouvez faire le procès, je vous ai remis les trois *fac simile* certifiés conformes aux originaux. Faites poursuivre à Londres la Contemporaine; si elle n'a pas les originaux qu'elle a conservés pour sa défense, elle sera condamnée. Le procès peut être fait aujourd'hui même. Le gouvernement peut écrire à l'instant même à Londres à notre ambassadeur. Vous avez les *fac simile* des trois lettres, et la déclaration de la Contemporaine que les trois originaux qu'elle a entre les mains sont conformes aux *fac simile*.

Mais c'est qu'à Londres vous vous attendez à la trouver armée de ces originaux. Comme elle a craint le procès, elle a voulu garder ces originaux que M. de Larochejaquelein a vus, que d'autres personnes ont vus. C'est en vain que vous équivoquez: ce sont les originaux que M. de Larochejaquelein a tenus entre ses mains; ce sont les originaux qu'il a montrés à des hommes dévoués qui y ont reconnu sans hésiter l'écriture de Louis-Philippe; qui l'ont si bien reconnue, que l'un d'eux, en acquérant cette triste conviction, s'est mis à verser des larmes. Ce n'est pas sur des *fac simile* que l'on pleure, mais sur l'écriture bien connue de l'homme auquel on est dévoué. (Mouvement très vif et très prolongé.)

Ainsi donc, Messieurs, qu'il n'y ait aucun trouble, aucune incertitude dans vos esprits. En reproduisant ces écrits, ces lettres, connues depuis tant de temps du public, il y a eu au moins bonne foi de la part du journal. Il a pensé que puisque la publication déjà faite depuis 1833 n'avait pas été poursuivie, elle ne le serait pas davantage, qu'on penserait qu'il serait imprudent de l'attaquer, comme on le serait encore à l'égard des lettres originales que je dépose sur le bureau de la cour, et dont M. l'avocat-général vous dit qu'il ne veut pas s'occuper.

Je ne reviendrai pas sur ma défense. On n'a pas poursuivi la *Gazette* ; c'est parce qu'on avait apparemment d'excellentes raisons pour ne pas le faire. Comme la *Gazette* n'était pas poursuivie, on n'a pas hésité à nous remettre les originaux des lettres dont on avait fait des extraits; mais comme l'accusation de faux pouvait s'étendre jusqu'à Londres, on n'a pas voulu nous remettre des lettres qui sont la seule preuve que l'auteur des publications faites en Angleterre puisse avoir de sa bonne foi.

Vous avez en original les mêmes lettres émanées du même dépositaire, de la même publication. Elles ont, on vous l'a affirmé, avec les trois lettres originales publiées par la *Gazette* et dont vous n'avez que les *fac simile*, une parfaite identité : ces lettres originales, la Contemporaine les garde pour sa défense, obligez-la à les produire.

Vous avez prétendu que j'avais dit qu'elle ne les avait pas envoyées par crainte qu'elles ne fussent lacérées. Vous savez bien que je n'ai voulu dire rien de pareil. Ces originaux que j'avais, je les ai remis entre les mains des magistrats. Je sais bien qu'ils me rendront, puisqu'ils ne sont pas poursuivis; ils me seront remis avec une entière fidélité. Mais la Contemporaine n'a pas eu en tout le monde la même confiance que celle que j'ai dans les magistrats qui m'entendent. Tenez, j'ai dans les mains un journal qui est intitulé le *Haro national normand*. Il annonce ce qui suit :

» Une circulaire datée de Cherbourg, adressée à tous les chefs de brigade, leur enjoint de surveiller avec la plus grande attention les bâti-

mens venant de la Belgique ou de la Hollande, afin d'empêcher l'intro-
duction de 146 lettres attribuées à Louis-Philippe, et de la nature de
celles qui ont été insérées dans la *Gazette de France* et dans la *France*. »
En résumé, Messieurs, je n'examine la cause que sous le point de vue
de la bonne foi. Cette bonne foi est entière; et vous n'hésiterez pas à
mettre hors de cause le gérant de la *France*.

Après cette brillante improvisation, qui a produit un immense effet
sur l'auditoire, les débats sont déclarés clos par M. le président.

L'audience est suspendue pendant un quart d'heure.

A la reprise de l'audience, M. le président Poultier fait, avec une religieuse impartialité, le résumé des débats.

M. L'AVOCAT-GÉNÉRAL. — Avant que le jury se retire dans la chambre
des délibérations, nous devons faire connaître que le défenseur nous a
fait passer les pièces dont il a fait usage ; ces pièces sont : 1° le *Portefeuille*, publié à Londres; 2° les lettres *prétendues* originales publiées
par la *Gazette de France*; 3° un *fac simile* des lettres publiées par la
France.

Quoique nous eussions pu maintenant nous opposer à la remise de ces
pièces, *qui d'ailleurs ne font rien au procès*, nous allons néanmoins les
soumettre à MM. les jurés, en y joignant un exemplaire de la déclaration émanée de la *Contemporaine*.

M. BERRYER demande qu'on joigne également aux pièces qu'il a fait
passer : 1° les interrogatoires du dossier de l'instruction, 2° le numéro
du *Times* qui contient la phrase de sir Robert Peel sur la promesse d'a-
bandon de l'Algérie.

M. L'AVOCAT-GÉNÉRAL déclare ne pas s'opposer à la remise de ces
pièces.

MM. les jurés entrent ensuite dans leur salle des délibérations.

Au bout de vingt-cinq minutes ils reviennent dans la salle d'audience,
et M. le chef du jury prononce le verdict suivant :

Sur mon honneur et ma conscience, devant Dieu et devant les hommes,
NON, L'ACCUSÉ N'EST PAS COUPABLE.

Un mouvement très prononcé de satisfaction se dénote dans l'auditoire; le respect dû à la cour suffit à peine pour en contenir l'explosion.

M. le président, en conséquence de ce verdict, prononce l'acquittement de M. de Montour, et lève l'audience.

Lorsque la cour est rentrée dans la chambre du conseil des bravos
se font entendre de toutes parts, et la joie la plus vive éclate dans l'as-
semblée. Les premiers bravos sont partis du fond de la salle, occupé
par des hommes du peuple.

Au dehors les mêmes élans se renouvellent.

Le soir tout Paris ne s'occupait que de l'issue de ce procès, et partout le verdict du jury ne rencontrait que des approbateurs.

Avant l'ouverture de l'audience, M. de Montour s'était rendu dans
la chambre du conseil pour assister au tirage du jury, et avait été assisté par M Auguste Johanet, avocat et l'un des rédacteurs de la
France.

M. de Montour avait exercé quelques récusations, et M. Partarrieu-
Lafosse, avocat-général, plus empressé que son adversaire, avait complétement usé de la faculté que la loi lui accorde.

Il faut avoir assisté à cette lutte pour s'en faire une idée. Jamais accusation n'a été plus complétement foudroyée, plus énergiquement
anéan ie. M. Partarrieu-Lafosse fléchissait à chaque instant sous la parole si puissante de M. Berryer. Vainement se réfugiait-il dans un per-
pétuel sophisme, vainement déclarait-il les lettres fausses parce qu'elles étaient impossibles ; M. Berryer le poursuivait de retranchement en
retranchement, et le chassait devant lui comme le guerrier intrépide
refoule son ennemi harassé et tremblant. L'histoire des lettres incrimi-

nées a été nettement établie, les lettres ont paru à Londres en 1839, elles ont été publiées et connues de l'ambassadeur français, qui n'a pas poursuivi. Or, partout, quand un souverain est attaqué, son envoyé a mission de le défendre : un procès peut être fait à Londres, où sont les originaux, que la *Contemporaine*, qui les possède, est prête à produire en justice.

Le jury a parfaitement compris ce raisonnement, et il a prononcé un verdict d'acquittement.

Jamais M. Berryer, dont on connaît les immenses ressources, n'avait plaidé avec une plus rare habileté. Il a suivi l'accusation pas à pas, et en a démontré la complète absurdité. C'est une nouvelle palme ajoutée à toutes celles qu'il a si glorieusement conquises.

M. Poultier, président, a résumé les débats avec une impartialité que nous sommes heureux de signaler,

Ainsi s'est terminée cette affaire, commencée par l'arrestation arbitraire et préventive du gérant et du rédacteur en chef de la *France*, affaire dans laquelle on espérait que la *France* succomberait, et dont le résultat est de la plus haute portée. Elle était tranquille sur l'issue des débats, car elle avait pour elle sa conscience, sa loyauté, et la rare éloquence du prince des orateurs modernes. Avec de tels gages, la victoire ne pouvait lui faillir.

Le lendemain de ces grands débats, les journaux consacrèrent leurs colonnes au compte-rendu le plus détaillé de cette mémorable affaire dont l'issue a produit un effet qu'il faut renoncer à décrire. L'éloge de l'impartialité du jury était dans toutes les bouches, et les abords des bureaux de la *France* étaient encombrés d'une foule qui voulait puiser à la source les détails circonstanciés de son procès. Cet empressement prodigieux a naturellement fait naître l'idée d'une publication à part que nous donnons aussi complète que nous l'a permis une excessive précipitation commandée par le désir de répondre aux sympathies du public.

En terminant, parlons encore de la reconnaissance si bien due au beau talent et au noble caractère de M. Berryer, et constatons le succès qu'il a obtenu comme avocat.

Il avait pour auditeurs ce jeune barreau toujours si avide de l'entendre, ses contemporains et les magistrats des diverses cours ; tous ont admiré la miraculeuse facilité d'argumentation qu'il a déployée dans notre affaire. Pour ceux qui comme nous ont eu le bonheur d'assister aux plaidoiries de M. Berryer dans tous les procès célèbres où ses triomphes oratoires furent si complets, c'était un beau spectacle de voir l'illustre défenseur s'efforcer de contenir cette éloquence entraînante prête à déborder en torrens impétueux, afin de se borner à être simple, précis, tel qu'il fallait se montrer, en un mot, pour convaincre les juges. A la place de ces élans dont il s'est complu à se rendre maître dans l'intérêt de la défense, M. Berryer a prodigué la modération, le calme ; et avec tout cela, grâce à ses facultés vraiment prodigieuses, grâce surtout à l'accent de sa conviction, il a été comme toujours très éloquent, il a produit le plus grand effet sur le nombreux auditoire suspendu à sa magique parole. C'est que la raison et la vérité l'animaient ; c'est qu'en cette occasion, une des plus solennelles où le Démosthènes français se soit trouvé, il ne s'agissait pas uniquement d'être un puissant orateur, il s'agissait de se montrer homme de bien, de demander à sa propre conscience le meilleur moyen d'arriver à celle des douze hommes qui l'ont écouté avec une religieuse attention pour rendre ensuite leur important verdict.

En cette circonstance, et aux yeux de ses admirateurs dans tous les partis, M. Berryer a donc fait briller non seulement sa magnifique parole, mais la haute loyauté, l'exquise délicatesse de son âme, qui, en faveur de sa cause, a sacrifié ces développemens grandioses, ces sublimes manifestations auxquels l'habitue la tribune. Hommages lui

— 47 —

soient rendus! Et en disant ceci nous sommes l'écho de tous ses auditeurs, à quelque nuance d'opinion qu'ils appartiennent.

Les journaux ministériels ont annoncé sans réflexions l'acquittement
de la France. Un volume ne suffirait pas pour reproduire tout ce qui a
été dit au sujet de l'issue de ce procès par les nombreux journaux de
Paris et de la province.

Fidèle à la résolution que nous avons annoncée en commençant, nous
n'avons fait que raconter les diverses phases du procès de la France
depuis son origine. Nous avons laissé parler les organes indépendans
de divers partis, et nous avons eu raison de dire que l'affaire à laquelle
la publication des lettres a donné lieu n'a peut-être pas de pareille dans
les fastes judiciaires et politiques.

En effet, et sur ce point encore, nous ne faisons que répéter ce que la
presse indépendante a proclamé à diverses reprises ; jamais la justice
d'un jury n'a obtenu une plus générale approbation ni trouvé plus de
retentissement. Rien ne lui a manqué, pas même les récriminations
honteuses du Journal des Débats et de la Presse, pour se venger de
l'effet produit dans les masses et surtout dans la population ouvrière de
la capitale et de ses alentours. Le Journal des Débats a dit entre autres :
« Quant à la royauté qui était partie au procès, quant à l'inviolabilité
» royale qui était en cause, le jury n'en a tenu compte C'est là une
» grande faute, car c'est en quelque sorte un déni de justice que la
» société tout entière a subi dans la personne du roi constitutionnel. »

Ainsi le pouvoir en appelle au jury contre la France; ses journaux
proclament à l'avance qu'ils ont foi entière dans sa conscience, qui sans
nul doute condamnera; puis lorsque cette même conscience a vu, au
contraire, matière à un acquittement, il ose charger les feuilles stipen-
diées par les fonds secrets de blasphémer contre l'institution du jury. Il
a suffi d'ailleurs d'observer le mouvement inusité de la capitale pour se
convaincre de toute la part que toutes les classes ont spontanément
prise à l'issue de ce procès : elle a dominé les questions politiques in-
térieures et extérieures; les ambassadeurs étrangers ont aussitôt envoyé des courriers à leurs cours respectives; au jardin du Palais-Royal
on remarquait des groupes nombreux dans lesquels on lisait à haute
voix le compte-rendu du procès de la veille; les cabinets de lecture
étaient tellement encombrés de lecteurs qu'il fallait prendre rang pour
obtenir les journaux. Depuis 1830 ils ne se rappellent pas avoir fait une
pareille recette.

Voici ce que disaient trois journaux. Nous regrettons que les bornes
de cette brochure ne nous permettent pas de consigner ici ce qu'ont imprimé en même temps le Courrier français, le Journal du Peuple, le
Constitutionnel, le Corsaire et autres.

LE SIÈCLE.

« Nous n'avons entendu qu'une opinion parmi les hommes dévoués à
la révolution de juillet sur le verdict ÉCRASANT qu'a rendu le jury dans
l'affaire du journal la France.

» Disons toute la vérité, non certes pour alarmer le gouvernement,
dont nous croyons le maintien et l'affermissement étroitement liés à la
sécurité du pays, mais pour l'avenir, mais pour l'éclairer. Si nous devions
vivre longtemps sous ce régime faux, menteur, bâtard, qui tient par ses
formes et par ses apparences à la révolution de juillet, et par ses doc-
trines, par ses tendances, par les plus favorisés de ses agens, à la Restauration et à la vieille monarchie, il vaudrait mieux la légitimité tout
entière, la légitimité avec ses représentans naturels, avec ses alliances,
avec le prestige des traditions, avec ses garanties de paix et de stabili-
té, qu'un gouvernement sans nom, sans foi, sans racines, sans croyan-
ces, en butte éternellement à la malveillance du dehors, toujours ex-

ploité ou menacé par les cabinets absolus, ne cherchant à l'intérieur pour appui que les consciences flétries ou les consciences vénales, et n'osant demander sa force à la nation, qui lui eût apporté dans les jours de péril celle d'un principe invincible. »

LA QUOTIDIENNE.

« Le procès des LETTRES a fait éclater d'étranges colères dans la presse puritaine et dans la presse dynastique. Ce sont les légitimistes qu'on attaque, les légitimistes qu'on injurie!

» Eh! Messieurs, les légitimistes n'ont pas écrit les LETTRES ; vous le savez bien. Que leur voulez vous donc?

» Vous n'auriez pas publié les LETTRES, vous! sans doute ; vous ne les avez pas même reproduites avant d'y être contraints, en quelque sorte, par le procès et par le verdict du jury. Vous voulez qu'on le sache! soit. Mais il y avait une autre manière de le dire.

» La question n'est de savoir qui a publié les LETTRES, mais qui les a écrites. De cette question, vous ne dites pas un mot! Les LETTRES sont-elles donc indifférentes?

» Et si elles ne le sont pas, il ne peut pas être indifférent non plus de connaître la main qui a traduit sur le papier les phrases qu'a si énergiquement flétries la parole honnête de M. l'avocat-général. Voilà un champ pour votre ardeur patriotique! que ne le parcourez-vous?

» Le Commerce vous le dit ce matin : « Déclamer contre les légitimis- » tes ce n'est pas aborder la situation, c'est l'éluder. »

» Prenez-y garde, on vous demandera si c'est là ce que vous voulez. »

LE COMMERCE.

« La chambre, qui se réunissait pour la première fois depuis le verdict du 24 avril, ne s'est pas montrée, nous assure--on, moins impressionnée que le public de la PORTÉE de cet évènement politique. En général, l'émotion des députés avait quelque chose de douloureux et de contraint. On dit pourtant qu'un petit nombre de conservateurs furieux se rendent les échos des maladroites menaces de vengeance et de réaction contenues hier dans l'organe officiel du cabinet. Mais leurs efforts restaient isolés, et la chambre semblaient livrée tout entière au recueillement de la situation délicate faite à la royauté par les fautes et l'incapacité du cabinet dont M. Guizot est l'âme et le chef réel.

En tous lieux et à haute voix on s'est demandé, en présence de cet acquittement, comment on avait eu l'impudeur de donner publiquement le titre de *faussaires* à des hommes d'honneur, de les incarcérer pendant un mois, de les traduire devant la cour d'assises, sous le poids d'une accusation d'offense que, malgré les efforts inouïs de l'avocat-général, le jury a complétement repoussée.

La France devra toujours garder le souvenir de cette grande manifestation de l'opinion publique en sa faveur, car c'est là ce qui a complété d'une façon digne d'elle le triomphe qui a été donné à son bon droit et l'a indemnisée de tant de rudes épreuves supportées par elle avec tant de courage.

FIN.

www.ingramcontent.com/pod-product-compliance
Lightning Source LLC
Chambersburg PA
CBHW060937050426
42453CB00009B/1058

NOTES.

Oui, par Martin Fréron, le triomphe est certain,
Dit Geoffroi; venez tous, héritiers de Martin,
Et vous sur-tout, Clément, son émule intrépide, etc.

Les citoyens Geoffroi et Clément, redoutables antagonistes de la philosophie du dix-huitieme siecle. Le premier a traduit Théocrite. Sa mauvaise traduction en prose a rendu plus supportables les mauvais vers de Longepierre. L'autre est connu par des satires sans esprit et sans talent poétique, par une tragédie de Médée justement sifflée, et par neuf gros volumes contre les ouvrages de Voltaire. Ces juges éclairés se font les protecteurs de Racine, qui certes n'a pas besoin d'eux, et qu'ils auraient sottement dénigré s'ils eussent été ses contemporains. Sentent-ils bien le prodigieux mérite de ce premier des poëtes modernes, les hommes qui affectent de méconnaître les beautés enchanteresses de Zaïre et le génie qui a dicté Mahomet? ignorent-ils, ou feignent-ils d'ignorer que si Racine eût fait la tragédie de Mérope, elle serait comptée parmi ses chefs-d'œuvre ?

Dieu prend soin de sa vigne, et les Débats vont bien.

Le citoyen Geoffroi rédige en partie le journal des Débats. A l'entendre les tragédies de Voltaire sont détestables, Monvel et Talma sont de mauvais acteurs tragiques; la musique d'Euphrosine et de Stratonice écorche ses oreilles.... entieres. Courage, Méhul ! Quand Apollon punit Marsyas, il commença par les oreilles.

On ne tourmente pas Guyon, frere Berthier, Chaumeix et Patouillet, Nonotte et Sabathier.

Ces écrivains ont vécu dans le dix-huitieme siecle : Voltaire certifie leur existence en plusieurs de ses ouvrages.

Vous n'y trouverez point cette heureuse élégance
Cet esprit délicat, dont les traits ingénus
Brillaient dans Sévigné, Lafayette, et Caylus.

Les lettres de madame de Sévigné sont restées modele et modele inimitable. Le roman de la princesse de Cleves, par madame de Lafayette, tient une place honorable à la suite des chefs-d'œuvre du dix-septieme siecle. Madame de Caylus était sans doute fort inférieure aux deux premieres; mais l'écrit sans prétention qu'elle a composé sous le nom de Souvenirs offre beaucoup d'anecdotes piquantes, et racontées avec grace. Ces femmes charmantes ne faisaient point des livres, de gros volumes sur l'éducation, de longs traités de morale ou de métaphysique, encore moins de la théologie. Avaient-elles trop peu d'esprit, ou seulement un trop bon esprit ?

Mes trente in-octavo sont d'un poids admirable,

y compris *le petit la Bruyere.* L'auteur de cet ouvrage veut bien encourager plusieurs gens de lettres, qui seront peu flattés d'être loués dans un livre où l'on dénigre avec fureur les plus illustres écrivains. Au reste on a le droit d'être difficile quand on compose à la fois des histoires, des caracteres, des romans, un théâtre, le tout pour l'instruction de la jeunesse; quand on réunit en soi Bossuet, Fénélon, la Bruyere, je dirais presque Moliere ; mais c'est un nom si profane ! d'ailleurs les Femmes Savantes ! Tartuffe ! ce ne sont pas là des péchés véniels. Prions Dieu pour l'ame de Moliere.

Ah! vous parlez du diable? il est bien poétique,
Dit le dévot Chactas, ce sauvage érotique.

Quelques personnes ont prôné sans mesure le roman chrétien d'Atala ; elles ont placé ce petit ouvrage au-dessus de Paul et Virginie, et de la Chaumiere indienne. Assurément c'était comparer la premiere esquisse d'un écolier aux meilleurs tableaux d'un grand maître. On ne trouve dans ces deux productions pleines de charmes rien qui ressemble aux capucinades de M. Aubry, aux étranges amours de Chactas, à une foule d'expressions plus étranges encore, et à ces amplifications descriptives d'un sauvage qui a fait sa rhétorique. L'auteur d'Atala, en mettant l'amour aux prises avec la religion, croit avoir conçu une idée neuve, et vaincu une extrême difficulté. Pour la nouveauté de l'idée, comment peut-il y croire? il est peu probable qu'il n'ait pas entendu parler de Renaud et d'Armide, de Roger et de Bradamante, ou même de la tragédie de Zaïre. Quant à la difficulté vaincue, c'en est une sans doute d'avoir trouvé le moyen d'ennuyer avec de si puissants motifs d'intérêt, et dans un roman de deux cents pages. Si l'on en croit l'auteur dans sa modeste préface, il ne lit depuis long-temps qu'Homere et la bible. Tant pis ; il faut varier ses lectures, et ne pas redouter l'excès d'instruction. D'ailleurs c'est en grec qu'Homere a composé ses poëmes immortels; et quand l'esprit saint a cru devoir dicter la Bible, il n'a pas jugé à propos de la dicter en français. Or il semble que l'auteur d'Atala, projetant d'écrire en notre langue, aurait sur-tout besoin d'en étudier à fond le génie, et de relire encore long-temps les modeles qui ont illustré notre belle littérature. L'auteur médite ce qu'il appelle un grand ouvrage, pour démontrer que la religion chrétienne est essentiellement poétique; le sujet est bien choisi, et l'ouvrage sera curieux à lire. On pourrait croire au premier apperçu que la mythologie d'Homere, de Virgile, et d'Ovide, est un peu plus favorable à la poésie que les dogmes du christianisme.

L'idolâtrie encore est le culte des arts,

a dit un poëte habile, qu'on n'accusera pourtant pas d'être un esprit fort, un philosophe. Despréaux, poëte plus habile encore, et législateur en matiere de goût, n'était pas infiniment frappé des beautés poétiques du christianisme. Cependant toutes les fictions étant du domaine de la poésie, la religion chrétienne, tout comme une autre, a bien son côté poétique, soit dans le genre sérieux, soit dans le genre plaisant. Parmi les preuves dont l'auteur d'Atala peut appuyer son système, il ne manquera pas sans doute de citer la Jérusalem délivrée, et la Henriade; il n'oubliera point Polyeucte, et d'autres chefs-d'œuvre du théâtre français; il ne faut pas qu'il oublie non plus le divin poëme de l'Arioste, et la Pucelle de Voltaire, ouvrage charmant, ouvrage admirable, mais dont le nom seul alarme aujourd'hui les oreilles pudiques de quelques *dévots de place*. Ils aimeraient peut-être mieux la Pucelle de Chapelain : il est vrai qu'elle est plus catholique.

Esmenard, par exemple, est un rimeur chrétien.

Esmenard, versificateur fraîchement débarqué à Paris. Il travaille au Mercure de France, ce qui a fait tomber les souscriptions. Il n'est pas, comme le marquis du *Joueur*, le maître architriclin des repas, mais il en est le Pindare. C'est dans les soupers qu'il brille. On le sert aux convives avec les glaces et le sorbet. Il improvise à merveille; il faut seulement avoir la bonté de l'avertir quinze jours d'avance. Il est vrai qu'il improvise de mémoire, ou même le papier à la main. Malgré ces petits défauts dans la représentation théâtrale, l'illusion est parfaite, grace à l'aimable simplicité qui regne en ses odes. Ceux qui sont dans le secret s'étonnent qu'elles ne soient pas improvisées; ceux qui n'y sont pas les prennent pour des compliments en prose. L'harmonie, la chaleur, l'élévation, le délire, distinguent les vrais poëtes lyriques. On ne peut pas tout avoir : les trois premieres qualités lui manquent sans doute ; mais l'envie elle-même n'oserait lui contester le délire. Au reste son goût est si pur, qu'il ne se permet jamais un trait d'esprit. Cependant, il faut bien en convenir, il n'a jusqu'à présent déployé tout son génie que dans *Le chant du coq*, journal qu'on lisait au coin des rues. Mais un seul chef-d'œuvre assure à Piron l'immortalité : *ainsi soit-il* pour notre Esménard ! *Le chant du coq*, voilà sa MÉTROMANIE.

Soit, répond un quidam ; pour moi je suis abbé.

On fait parler ici l'auteur inconnu d'un ouvrage intitulé, Manuel des Missionnaires. Le saint homme a caché son nom, mais non pas sa robe. Parmi les instructions édifiantes qu'il adresse à ses confreres en jonglerie catholique, apostolique, et romaine, se trouve le passage suivant, qui vaut bien la peine d'être remarqué. « Tous ceux qui « étaient obligés de payer la dixme sont « tenus de contribuer à l'entretien des mi- « nistres de l'autel. Nous n'exigerons pas

« cela sous le nom de dixme, mais nous
« pourrons inculquer avec prudence et
« modération le précepte du Seigneur : *Ita*
« *Dominus ordinavit iis qui evangelium*
« *annuntiant, de evangelio vivere*, et leur
« rappeler qu'ils n'ont que trop éprouvé ce
« que disait saint Ambroise, qu'on donne
« au soldat IMPIE ce qu'on refuse au prêtre
« de Dieu ». Cela s'appelle avoir bien lu
les peres de l'église, et les citer fort à
propos.

Ainsi par Jefferson l'heureuse Virginie
Des cultes différents vit régner l'harmonie.

Jefferson, citoyen de Virginie, est aujourd'hui président du congrès des Etats-Unis de l'Amérique septentrionale. Il a écrit, durant la révolution opérée dans sa patrie, quelques pages remarquables sur la liberté des cultes. Ces pages, dictées par une raison pure et sublime, ont servi de base en cette matiere à la législation de Virginie. Elles doivent être comptées parmi les beaux monuments de la philosophie du dernier siecle.

D'un chef-d'œuvre naissant il fut le protecteur.

Ce chef-d'œuvre est Mahomet que Crébillon n'avait pas voulu laisser passer à la censure. D'Alembert fut moins timide. Voltaire, tourmenté par les intrigants dévots de Paris et de Versailles, dédia sa piece au pape Benoît XIV, Lambertini. Ce souverain pontife, homme de beaucoup d'esprit, accueillit la dédicace.

Aimez-vous l'enjoûment, les graces, le bon ton?
Lisez mes deux quatrains sur Voltaire et Tonton.

Ces deux quatrains sont adressés à une dame dont le chien s'appelait Tonton : les voici; on peut les chanter sur l'air, *Réveillez-vous, belle endormie.*

> On dit qu'il faut pour satisfaire
> Votre goût et votre raison,
> Et vous chanter comme Voltaire,
> Et vous aimer comme Tonton.

> Le premier n'est pas peu d'affaire,
> Mais j'ai ma revanche au second,
> Et, si je le cede à Voltaire,
> Je l'emporterai sur Tonton.

Avant Dieu j'ai jugé les vivants et les morts.

La manie de juger ses contemporains et ses rivaux a nui beaucoup au littérateur dont il est ici question. Il s'est permis des décisions tranchantes, magistrales, et d'une rigueur qui avoisine l'injustice, quand elles ne sont pas tout à fait injustes. D'ailleurs le personnage de grand-prévôt littéraire, est toujours un peu odieux, fût-il accompagné d'une vaste gloire : il devient ridicule dans un homme dont la réputation présente tant de côtés faibles. Voltaire lui-même, à la fin de sa carriere, après vingt chefs-d'œuvre dans tous les genres, environné, rassasié d'hommages, s'est bien gardé d'exercer une pareille magistrature : il connaissait trop les hommes et les convenances ; il avait reçu de la nature un esprit proportionné à son immense talent. Comment donc un écrivain qui se glorifiait avec raison d'être son éleve n'a-t-il pas imité sa circonspection? connu sur la scene tragique par des chûtes plus ou moins fortes et des succès plus ou moins faibles, comment n'a-t-il pas craint, en rabaissant les talents de Ducis, de laisser appercevoir une envieuse partialité ? Serait-ce par une suite du même sentiment qu'il n'a trouvé ni éloquence ni philosophie dans les éloges composés par Garat? N'a-t-il pas jugé plus que légèrement Palissot, littérateur si éclairé, qui, dans sa prose élégante, rappelle l'école de Port-Royal, et qui, dans le vers de la comédie, n'est pas inférieur à Gresset ? Enfin n'a-t-il pas eu ses raisons pour affecter de méconnaître le beau talent de Lebrun dans la poésie lyrique ? De tout cela qu'est-il arrivé ? Quelques gens ont traité Laharpe ainsi qu'il a traité ses rivaux. Indulgent pour lui-même et pour lui seul, il s'attribue les qualités qu'il n'a pas; on lui a contesté celles qu'il possede. Assurément, comme critique, il occupe un rang élevé, quoique son cours de littérature soit beaucoup trop long pour la somme d'idées qu'il renferme. Comme orateur, ses éloges de Fénélon et de Racine sont estimables, quoiqu'il soit très inférieur en ce genre à Thomas, à Garat, à l'abbé Maury lui-même pour l'harmonie, le mouvement, la chaleur; et non moins inférieur à Champfort pour l'esprit, la finesse, et la précision. Comme poëte, quelques uns de ses discours en vers offrent des tirades heureuses; l'Ombre de Duclos, des traits piquants; Tangu et Félime, plusieurs détails agréables. S'il est au-dessous du médiocre dans ses odes, même en y comprenant ses dithyrambes, s'il est froid et sans imagination dans ses tragédies, du moins dans un style plus tempéré, qui par là même lui convient mieux, Mélanie, son plus beau titre de gloire, offre une diction constamment pure, éloquente, et pathétique; c'est ce qu'il fallait et ce qu'il faut encore se rappeler : mais les déclamations de Laharpe contre des opinions qu'il a professées quarante ans, ses attaques inconsidérées, ses menaces violentes quand il n'attaque pas encore, cette férule qu'il ne dépose jamais, son intolérance littéraire, politique, et religieuse; voilà ce qui a soulevé contre lui tous les partis, toutes les classes de lecteurs; voilà ce qui a révolté jusqu'aux hommes qui, malgré la différence d'opinion sur des points importants, étaient le mieux disposés pour lui, qui se faisaient un plaisir de rendre justice à son mérite litéraire, et qui auraient donné l'exemple de respecter sa vieillesse, si lui-même avait su la respecter.

OBSERVATIONS

Sur le projet d'un nouveau Dictionnaire de la Langue française, et sur le Dictionnaire de l'Académie.

L'INSTITUT NATIONAL s'occupe d'un nouveau dictionnaire de la langue française. Des commissaires nommés dans les différentes classes de l'Institut préparent les matériaux de cet important ouvrage. On doit espérer beaucoup du travail de la commission, puisqu'elle compte parmi ses membres le judicieux, l'élégant Daunou; Ginguené, distingué par un goût sévère et par de vastes connaissances ; Andrieux, l'auteur des Etourdis, comédie aussi piquante que bien écrite; La Cépéde, le digne éleve de Buffon, et Laplace, qui, dans le Système du monde, a prouvé qu'il possédait l'art d'écrire comme les sciences mathématiques.

De si bons esprits ne se croiront pas sans doute les réformateurs de la langue. Ce fut l'erreur de l'Académie française, quand elle ne possédait encore qu'un seul écrivain supérieur, le grand Corneille, dont elle avait critiqué le chef-d'œuvre. L'erreur même était poussée fort loin. Il s'agissait de supprimer une foule de termes usités, et jusqu'à la conjonction *car*. Saint-Evremond publia dans cette circonstance une petite comédie en vers, intitulée, les Académiciens. C'était le cas ou jamais du *ridiculum acri*. La matiere était riche, mais la piece est pauvre; et la raison en est facile à trouver; Saint-Evremond n'était ni bon poëte, ni bon plaisant.

Moliere, qui était l'un et l'autre, s'est un peu moqué de cette manie dans sa comédie des Femmes savantes. Il y jouait l'hôtel Rambouillet; mais à l'hôtel Rambouillet on faisait la guerre aux mots surannés; aujourd'hui c'est tout le contraire; et beaucoup de gens peut-être ne haïssent, dans les nouveaux mots, que les idées et les institutions nouvelles.

Il faut cependant y prendre garde; tel mot que l'on croit né avec la république française fut contemporain de la monarchie. Qu'on nous passe constitution, ne fût-ce que pour la constitution *Unigenitus*. Tous les jours on use d'adresse ; on envoie des lettres à leur adresse : ne pourra-t-on plus faire une adresse au Peuple français ? Quant à civique, citoyenne, mots que beaucoup de gens voudraient proscrire comme suspects de nouveauté, qu'ils se rassurent ; ce sont de vieux mots. Voltaire, il y a plus de quarante ans, écrivait dans *l'Orphelin de la Chine*,

Vous êtes citoyenne avant que d'être mere.

Voudrait-on interdire les vertus civiques à nos magistrats ? les palmes civiques à nos guerriers ? et n'y a-t-il pas moyen de tolérer ces expressions en faveur de la couronne civique ?

Assurément, lorsqu'on fait ou refait un dictionnaire, ou lorsque dans un ouvrage, quel qu'il soit, on veut être législateur de la langue française, il faut éviter avec soin le néologisme ; mais il ne faut guère moins éviter le ridicule : et c'est à quoi l'on n'a pas toujours songé. L'abbé Desfontaines, par exemple, remarquable par son goût et par ses goûts, ce tant digne prêtre qui se proclamait le défenseur des mœurs et de la religion, ce grand critique, qui dénigrait avec amertume les vers de la Mort de César et d'Alzire, mais qui retrouvait le style de Racine dans la Didon de Pompignan, l'abbé Desfontaines donc publia, vers 1740, un dictionnaire du néologisme. Les deux écrivains spécialement attaqués dans ce pamphlet sont, comme de raison, les deux plus célebres de cette époque, Fontenelle et Voltaire, distingués sur-tout par la politesse, l'élégance, et la pureté de leur diction. Il les blâme, entre autres choses, d'avoir écrit une tête *altiere*, un esprit *conséquent*. Ces expressions étaient et sont restées françaises. Comme le prétendu Quintilien tranchait avec audace et raisonnait mal, on rit aujourd'hui de son ignorance altiere et de son esprit peu conséquent.

Beaucoup plus récemment, le citoyen Laharpe, dans une brochure sur la langue révolutionnaire, a proscrit le verbe fanatiser. Il vaudrait encore mieux anéantir la chose. Je n'examine cependant pas s'il a raison, et c'est le servir à souhait : il aime assez qu'on l'en croie sur parole. Mais il pose une regle générale. La voici : *Aucun adjectif en ique ne peut produire un verbe en iser.* La décision est tranchante, ainsi qu'il convient au maître. Il ajoute : *notre langue le prouve par le fait.* Malheureusement le maître a tort et sur le fait, et par conséquent sur l'axiôme. Ne peut-on le lui démontrer par un genre d'argument que l'on appelle *ad hominem ?* ne peut-on lui dire :

 Si par une muse électrique
 L'auditeur est électrisé,
 Votre muse paralytique
 L'a bien souvent paralysé.
 Mais quand il est tyrannisé,
 Par fois il devient tyrannique :
 Il siffle un auteur symmétrique ;
 Il rit d'un vers symmétrisé,
 D'un éloge pindarisé,
 Et d'une ode anti-pindarique.
 Vous avez trop dogmatisé :
 Renoncez au ton dogmatique ;
 Mais restez toujours canonique,
 Et vous serez canonisé.

Ce petit impromptu, fait sans loisir,

pourra trouver grace aux yeux du citoyen Laharpe ; car les vers en sont presque aussi bien tournés que ceux des Commandements de Dieu et de l'Eglise. Mais laissons l'abbé Desfontaines et le citoyen Laharpe. Revenons aux dictionnaires.

Ce fut en 1656 que Pascal, qui ne fut point de l'académie française, fixa notre langue dans ses admirables Lettres provinciales. Le Dictionnaire de l'Académie ne parut qu'en 1694. Avant cette époque Corneille, Racine, Boileau, Moliere, La Fontaine, Bossuet, Fénélon, avaient publié tous leurs chefs-d'œuvre ; Fléchier, ses Oraisons funebres ; La Bruyere, ses Caracteres ; Quinault même, ses Opéra. On peut répondre que Vaugelas, en 1647, avait donné ses Remarques sur la langue. Mais si

Vaugelas n'apprend point à bien faire un potage, il n'enseigne pas plus l'art d'écrire. Ni lui, ni l'abbé de Dangeau, ni aucun puriste de profession jusqu'à nos jours inclusivement, n'a enrichi la littérature, je ne dis pas d'un excellent ouvrage, mais seulement d'une page excellente. Ils ressemblent tous à l'abbé d'Aubignac, qui croyait avoir donné des lois aux poëtes tragiques ; il voulut passer du précepte à l'exemple, et composa en mauvaise prose la plus mauvaise tragédie qui ait jamais paru. Les vrais grammairiens, Condillac et Dumarsais ont composé des ouvrages utiles et d'un mérite éminent ; mais c'étaient des esprits *philosophiques* ; car je ne pense pas que ce mot soit encore supprimé, comme sentant la révolution. Ils appliquaient à la grammaire une analyse fine et profonde; à cet égard, comme en tout le reste, ils n'avaient rien de commun avec les *jurés peseurs de diphtongues*.

Si le Dictionnaire de l'Académie n'a pas influé sur les chefs-d'œuvre du dix-septieme siecle, assurément dans le dix-huitieme il n'a pas augmenté d'influence. On ne l'a pas plus consulté pour écrire l'Esprit des lois, le Siecle de Louis XIV, Émille, l'Histoire naturelle, que le Dictionnaire des Rimes, pour mettre en vers Mahomet, la Pucelle, le Méchant, ou la belle traduction des Georgiques.

En général c'est après et d'après les bons

écrivains qu'ont été composés les meilleurs dictionnaires ; mais un dictionnaire, si bon qu'il soit, n'a jamais produit ni guidé un bon écrivain. C'est donc aux écoles publiques, aux jeunes gens, aux étrangers, que l'Institut national peut rendre un important service, non pas en retouchant le Dictionnaire de l'Académie, mais en rédigeant un nouveau Dictionnaire qui soit conçu avec méthode, qui présente des définitions claires et précises, l'étymologie, les racines des mots, et des exemples habilement choisis dans les auteurs classiques, depuis Malherbe jusqu'à Voltaire, depuis Pascal jusqu'à Buffon. L'excellent Dictionnaire italien de l'Académie *della Crusca* offre un modèle en ce dernier point.

Ce n'est pas sur ce plan qu'est rédigé le Dictionnaire de l'Académie française. Pour mieux dire, il est remarquable par l'absence de plan ; point d'étymologies ; nulle clarté dans les définitions ; des rédactions vagues, incomplètes ; quant aux phrases composées tout exprès pour faire autorité, elles fournissent presque toujours des exemples de mauvais style, souvent des modèles de ridicule.

Ce travail malheureux est digne en tout sens du mépris qu'il inspirait à Voltaire dans les derniers temps de sa vie. Et qu'on n'appelle point au secours d'un pareil ouvrage tous ces grands écrivains, tous ces classiques fameux qui ont fait la gloire de l'Académie, parcequ'ils y ont apporté leur gloire. Ils sont innocents du dictionnaire. L'ouvrage appartient tout entier à la foule des *immortels* de profession. Les noms de la plupart sont restés ensevelis dans le recueil poudreux des harangues académiques : quelques uns, tristement célebres, ne sont connus de la postérité que par les satyres de Boileau.

FIN.